经世济民

诚信服务

德法兼修

高等职业教育财经商贸类专业基础课

经世济民 立德树人

新形态一体化教材

电子商务基础与应用

主　编　桂海进　章　萍

副主编　董宇澄　汤发俊　黄石安

中国教育出版传媒集团

高等教育出版社 · 北京

内容简介

　　本书是高等职业教育财经商贸类专业基础课"经世济民　立德树人"新形态一体化教材,也是职业教育国家在线精品课程配套教材。

　　本书紧跟电子商务的最新发展,内容共分为五章,包括:走进电子商务世界、探究电子商务商业模式、构建电子商务支撑体系、体验电子商务应用领域和实践电子商务运营推广。本书系统介绍了电子商务的发展历程、商业模式、支撑体系、应用领域及运营推广,引导学生了解电子商务专业和行业领域的国家战略、法律法规和相关政策,培养学生建设数字强国的热情和信心,使学生具备较强的互联网思维能力、创新创业意识和电子商务基础职业技能,争当"数商青年",成为未来中国蓬勃向上的青春力量。

　　本书凸显课程思政引领,设有特色引领、行业亮点、法治在线、探索驱动、视野拓展等特色栏目,并设立了主题讨论、网络探索、团队合作等教学活动栏目,从家国情怀、社会责任、行业发展、个人成长四个层面构建课程思政体系。本书结构清晰、逻辑严密、知识全面、案例丰富,将理论和实践紧密结合,注重培养学习者的电子商务分析和应用能力。

　　本书可作为高等职业教育本科、专科及应用型本科院校财经商贸类专业的教材,也可供电子商务从业人员学习和参考。

　　本书在爱课程(中国大学 MOOC)网站上配套建设了职业教育国家在线精品课程"电子商务基础与应用",课程建设了视频、微课、动画、PPT 课件等类型丰富的数字化教学资源,精选了其中具有典型性、实用性的资源,以二维码的形式标注在教材中,供读者即扫即用。其他资源详见"郑重声明"页的资源服务提示。

图书在版编目(CIP)数据

　　电子商务基础与应用 / 桂海进,章萍主编.--北京:
高等教育出版社,2023.8
　　ISBN 978-7-04-060197-8

　　Ⅰ.①电… 　Ⅱ.①桂… ②章… 　Ⅲ.① 电子商务 – 高
等职业教育 – 教材 　Ⅳ.① F713.36

　　中国国家版本馆CIP数据核字(2023)第040343号

电子商务基础与应用
DIANZI SHANGWU JICHU YU YINGYONG

| 项目策划 | 赵 洁 | 策划编辑 | 康 蓉 王 沛 | 责任编辑 | 王 沛 | 封面设计 | 赵 阳 |
| 版式设计 | 李彩丽 | 责任绘图 | 杨伟露 | 责任校对 | 张 然 | 责任印制 | 存 怡 |

出版发行	高等教育出版社	网　　址	http://www.hep.edu.cn
社　　址	北京市西城区德外大街4号		http://www.hep.com.cn
邮政编码	100120	网上订购	http://www.hepmall.com.cn
印　　刷	肥城新华印刷有限公司		http://www.hepmall.com
开　　本	787mm×1092mm　1/16		http://www.hepmall.cn
印　　张	12.25		
字　　数	230千字	版　　次	2023 年 8 月第 1 版
购书热线	010-58581118	印　　次	2023 年 8 月第 1 次印刷
咨询电话	400-810-0598	定　　价	42.80元

本书如有缺页、倒页、脱页等质量问题,请到所购图书销售部门联系调换
版权所有　侵权必究
物 料 号　60197-00

前 言

党的二十大报告明确指出:"加快发展数字经济,促进数字经济和实体经济深度融合,打造具有国际竞争力的数字产业集群。"电子商务是通过互联网等信息网络销售商品或者提供服务的经营活动,是数字经济和实体经济深度融合的重要组成部分,是催生数字产业化、拉动产业数字化、推进治理数字化的重要引擎,是提升人民生活品质的重要方式,是推动国民经济和社会发展的重要力量。我国电子商务已深度融入人们生产生活的各个领域,在经济社会数字化转型方面发挥着举足轻重的作用。在此背景下,人们对于电子商务的关注和学习热情空前高涨。"电子商务基础与应用"相关课程在高职财经商贸类专业广泛开设,成为专业人才培养的重要组成部分。本书编写团队在深入研读《"十四五"数字经济发展规划》《"十四五"电子商务发展规划》《数字中国建设整体布局规划》等国家电子商务相关政策和对电子商务人才需求充分调研的基础上,科学构建独具特色的专业人才培养主线和完整的知识技能体系,旨在帮助学习者提升职业素养、构建知识体系并增强应用能力。本书的主要特色如下:

1. 凸显课程思政引领,设有体现课程特点的思政特色栏目

党的二十大报告指出:"育人的根本在于立德。全面贯彻党的教育方针,落实立德树人根本任务,培养德智体美劳全面发展的社会主义建设者和接班人。"在教材编写过程中,本书编写团队深入学习国家电商发展政策,挖掘专业和课程背景下的思政元素,设有特色引领、行业亮点、法治在线、探索驱动、视野拓展等特色栏目,积极引导学生了解电子商务领域的国家战略、法律法规和相关政策,帮助学生深入社会实践,关注现实问题,坚定学生建设数字强国的热情和信心。

2. 遵循递进式认知规律,创新教材编排体系

本书从电子商务学习者的认知和成长角度出发,按照"了解—体验—实践"的递进式思路安排教材内容,并根据电子商务行业特点,设置团队合作、主题讨论、网络探索等同步教学活动。每章节不仅有系统的知识介绍和能力点提升训练，同时提供了最新的行业企业案例，在职业能力训练模块，还设有技能训练题和综合案例分析题，帮助学习者举一反三，提升电子商务应用能力。

3. 配套丰富的学习资源，推进"一书一课一空间"建设

本书编写过程体现新形态一体化教材的建设理念，与"电子商务基础与应用"职业教育国家在线精品课程在线资源同步更新，同时配有视频、微课、教学 PPT 等数字化教学资源，方便学习者开展泛在学习。

本书由无锡商业职业技术学院桂海进、章萍担任主编，董宇澄、汤发俊、黄石安担任副主编，成淼、赵彦彦、黄悦、沈雪龙、程镔、吴蕾、杨叶勇、许浒等参与编写。在本书编写过程中，张法坤、李海菊等教师对教材的编写提出了宝贵的修改意见。同时，编者还借鉴了一些出版物和网络相关资源，也得到很多企业朋友的大力支持和帮助，在此一并表示感谢。

由于电子商务的发展日新月异，具有较强的时效性，本书在编写过程中力求做到贴近行业发展前沿，但受编写团队的水平和时间所限，书中难免会存在疏漏和不足之处，恳请广大读者批评指正，使本书日臻完善。

编者
2023 年 7 月

目录

第一章

走进电子商务世界

学习目标

【素养目标】

- 通过对电子商务的概念、主体框架和分类的学习,引导学生思考电子商务发展的驱动力,培养辩证思考问题、分析问题的能力
- 通过对中国电子商务的发展、现状和趋势的学习,引导学生关注中国经济的发展,帮助学生树立建设电商强国的信心
- 通过对中国电子商务相关规范的学习,引导学生关注电子商务行业领域的国家战略、法律法规和相关政策,培育学生经世济民、诚信服务、德法兼修的职业素养

【知识目标】

- 了解电子商务产生和发展背后的技术主线和商业模式主线
- 了解电子商务的国家规划和发展战略
- 了解基于电子商务法律法规的商业伦理和道德
- 熟悉中国电子商务发展的阶段特征和重要事件
- 掌握电子商务的概念、主体框架和分类

【技能目标】

- 能够根据电子商务相关概念准确地将电子商务平台分类
- 能够分析影响电子商务发展的技术因素和商业因素
- 能够根据《中华人民共和国电子商务法》对电商相关纠纷做出判断

内容概览

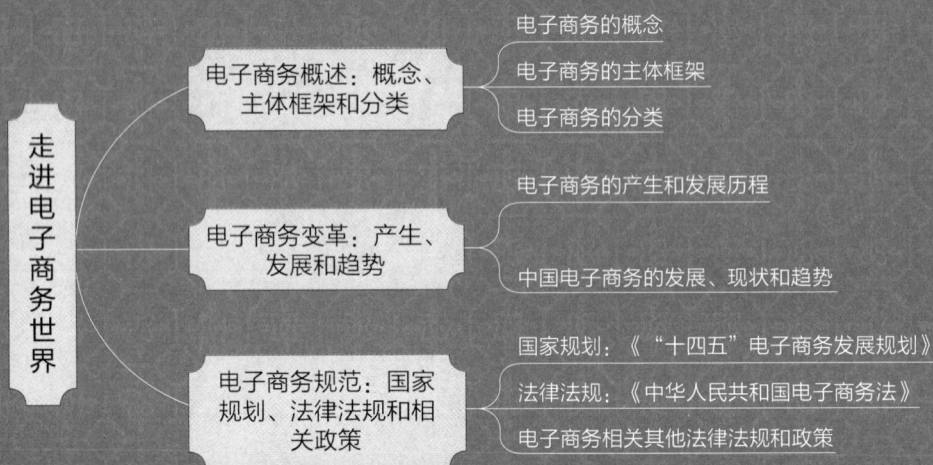

走进电子商务世界

- 电子商务概述：概念、主体框架和分类
  - 电子商务的概念
  - 电子商务的主体框架
  - 电子商务的分类
- 电子商务变革：产生、发展和趋势
  - 电子商务的产生和发展历程
  - 中国电子商务的发展、现状和趋势
- 电子商务规范：国家规划、法律法规和相关政策
  - 国家规划：《"十四五"电子商务发展规划》
  - 法律法规：《中华人民共和国电子商务法》
  - 电子商务相关其他法律法规和政策

学习计划

❖ 素养提升计划

_____

_____

❖ 知识学习计划

_____

_____

❖ 技能训练计划

_____

_____

新机遇·新格局·新优势——从中国（杭州）国际电子商务博览会看中国电子商务发展

2022年8月，电商中国·2022年第九届中国（杭州）国际电子商务博览会（以下简称电博会）在杭州顺利召开。

秉承"看趋势、找服务、选产品"的基本原则，以"新电商·新格局·新优势"为展会主题，电博会重点展示新一轮电子商务产业的变革、数字化改革应用赋能新场景下的市场新形势和新趋势，探索谋求新服务模式，并进一步优化整合国内外电子商务各类新科技成果与产业形态，探讨电商助力共同富裕、新电商选品、电商产业上下游链路产品等问题。

以新电商趋势展区为例，本次展会联合阿里巴巴、中国联通、浙江华为通信技术有限公司（简称浙江华为）等行业龙头企业共同举办，现场通过有趣的科技互动，将图文、视频两种方式相结合，讲述品牌"新生态""新产业""新保障"的"三新"行为：阿里巴巴拓展数字化应用场景以科技助农、暖心助老；中国联通搭建2I2C一体化平台，拓展数字化创新渠道；浙江华为打造河图"元宇宙"激发数字经济新动能，打造一站式建站出海平台；元宇宙实验室和虚拟人主播也在此次博览会上惊艳亮相。

中国（杭州）国际电子商务博览会迄今为止已经召开九届，回顾近五年的大会聚焦主题（见表1-1），可以看出在新技术的支撑下，中国电子商务的发展始终走在商业模式变革的前沿，既推动了中国经济的发展，也在不断改变人们的生活方式。

表1-1　近五年中国（杭州）国际电子商务博览会聚焦主题

年份	聚焦主题
2022年	聚焦数字化改革应用赋能新场景下的市场新形势和新趋势
2021年	聚焦电子商务全生态产业链，包括电子商务新业态、新模式、新技术、新产品
2020年	聚焦数字经济与跨境电商、直播经济、电商助农、贸易规则、数字生活等垂直领域
2019年	聚焦数字经济赋能产业，展示数字经济时代下电子商务的智慧应用
2018年	聚焦新零售、直播电商、跨境电商、农村电商

案例思考

1. 查阅近五年"电商中国·中国(杭州)国际电子商务博览会"的更多资料,试列举这些年来哪些新技术对电子商务发展起到了推动作用。

2. 中国电子商务的发展始终走在商业模式变革的前沿,既推动了中国经济的发展,也在不断改变人们的生活方式,未来又会如何发展? 青年人可以怎样参与其中? 对于即将要开始的《电子商务基础与应用》的学习,你想要获取哪些方面的知识和技能? 请围绕以上问题开展讨论。

第一节　电子商务概述：概念、主体框架和分类

随着互联网的快速发展和经济需求的日益增长，新一轮科技革命和产业变革交汇孕育的电子商务极大提高了经济运行的质量和效率，改变了人们的生产和生活方式。近年来，新技术应用日益深入，新兴资源要素的重要性逐渐凸显，新模式新业态层出不穷，电子商务正在从高速增长阶段迈向高质量发展阶段，成为经济增长的新亮点。

一、电子商务的概念

近年来，"电子商务"已成为一个家喻户晓的名词，频繁出现在社会经济生活中，对于电子商务的概念，不同的学者、机构和法律等都从不同角度进行了阐述。

埃弗雷姆·特班（Efraim Turban）在其著作《电子商务：管理与社交网络视角》中指出：电子商务（E-commerce）是指通过包括因特网在内的计算机网络来实现商品、服务或信息的购买、销售与交换的过程。电子业务（E-business）是广义的电子商务，除了买卖商品和服务外，还包括客户服务、与商务伙伴之间的合作、网上学习、企业内部的电子交易等。

经济合作和发展组织（OECD）在有关电子商务的报告中提出：电子商务是发生在开放网络上的包含企业之间（Business to Business）、企业和消费者之间（Business to Consumer）的商业交易。

艾瑞咨询提出：从广义上说，电子商务是指以电子设备为媒介进行的商务活动；从狭义上说，电子商务是指以计算机网络为基础进行的各种商务活动，包括商品和服务的提供者、广告商、消费者、中介商等有关各方行为的总和。

《中华人民共和国电子商务法》（简称《电子商务法》）第一章第二条规定：本法所称电子商务，是指通过互联网等信息网络销售商品或者提供服务的经营活动。法律、行政法规对销售商品或者提供服务有规定的，适用其规定。金融类产品和服务，利用信息网络提供新闻信息、音视频节目、出版以及文化产品等内容方面的服务，不适用本法。

以上概念中有几点是共性的：① 基于互联网等信息化手段和技术；② 实现商业交易、商务活动或经营活动等；③ 以销售商品和提供服务为主；④ 既包含企业、个人间的商务互动，也包含企业内容的商务活动，贯穿生产、流通、消费等多个环节。

综上所述，本书将"电子商务"从广义和狭义两个维度来进行界定。广义的电子商

务是指"利用互联网和其他各种计算机网络进行的商务活动,不仅包括商品、服务的交易,还包括企业间的合作、企业内部的管理和沟通等";狭义的电子商务则是指"通过互联网等信息网络销售商品或者提供服务的经营活动"。

◈ 主题讨论

本书列举的电子商务概念的共同点和不同点有哪些?为什么会有这些不同点?通过网络搜索,看看能不能找到其他不同的概念。

二、电子商务的主体框架

电子商务发展呈多样化态势,它既包含各种各样的经营活动,还包含各种组织结构及技术支撑。了解电子商务的主体框架,可以更好地了解电子商务的运作原理和流程。电子商务的主体框架一般可以分为三层:基础设施层、支持服务层和应用层,如图 1-1 所示。

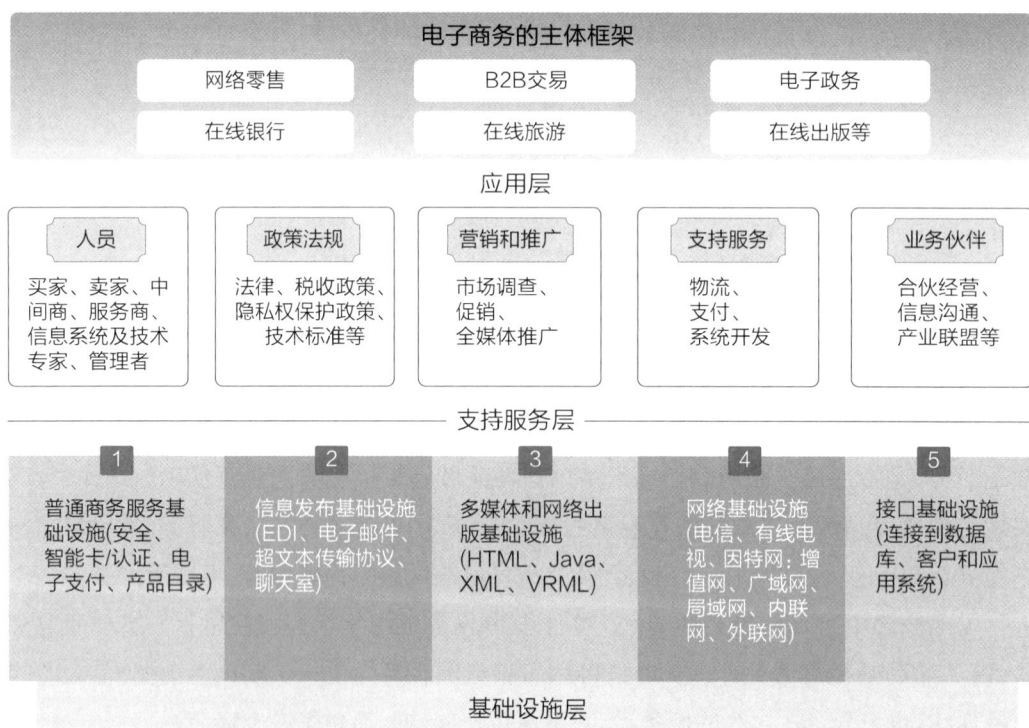

图 1-1 电子商务主体框架图

（一）基础设施层

电子商务基础设施是指为保障电子商务活动能够顺利进行的基础信息系统工程和技术,包括普通商务服务基础设施、信息发布基础设施、多媒体和网络出版基础设施、网络基础设施和接口基础设施等,本书将在第三章中介绍相关的主要技术。

（二）支持服务层

支持服务层是指为实现电子商务的各种应用所必备的人员、政策法规、营销和推广、支持服务和业务伙伴等。

1. 人员

电子商务涉及的人员包括买家、卖家、中间商、服务商、信息系统及技术专家、管理者等,这些参与者共同构成了电子商务的人员支持系统。

2. 政策法规

法律、法规、政策等都是由政府来制定并实施的,如法律、税收政策、隐私权保护政策等。还有一些与公共政策相关的技术标准,一般由权威的行业协会制定,业内人士都需要遵守这些规则,相关内容将在第一章第三节进行讲述。

3. 营销和推广

与其他商务活动一样,电子商务也需要营销和推广的支持。在电子商务交易中,因为买卖双方并不熟悉,所以营销和推广尤其重要。相关内容在本书第五章会有进一步讲述。

4. 支持服务

电子商务需要各种各样的支持服务,包括物流、支付和系统开发等,相关内容将在本书第三章中进行介绍。围绕电子商务过程产生三种服务类型,分别是电子商务交易服务、电子商务支撑服务和电子商务衍生服务。

5. 业务伙伴

电子商务中的合伙经营、信息沟通和产业联盟等都是业务伙伴常见的合作形式。业务伙伴关系多见于供应链中,也就是企业与其供应商、客户等业务伙伴之间的交流与合作。

（三）应用层

应用层是指电子商务在各领域中形成的各种商业模式、商务活动、交易活动和相关的综合服务活动,如网络零售、B2B 交易、电子政务、在线银行、在线旅游、在线出版等。

中共中央、国务院印发《数字中国建设整体布局规划》

党的二十大报告提出加快建设"网络强国、数字中国"。2023 年 2 月，中共中央、国务院印发了《数字中国建设整体布局规划》(以下简称《规划》)。《规划》指出，建设数字中国是数字时代推进中国式现代化的重要引擎，是构筑国家竞争新优势的有力支撑。加快数字中国建设，对全面建设社会主义现代化国家、全面推进中华民族伟大复兴具有重要意义和深远影响。

《规划》指出，要全面赋能经济社会发展。一是做强做优做大数字经济。培育壮大数字经济核心产业，研究制定推动数字产业高质量发展的措施，打造具有国际竞争力的数字产业集群。推动数字技术和实体经济深度融合，在农业、工业、金融、教育、医疗、交通、能源等重点领域，加快数字技术创新应用。支持数字企业发展壮大，健全大中小企业融通创新工作机制，发挥"绿灯"投资案例引导作用，推动平台企业规范健康发展。二是发展高效协同的数字政务。加快制度规则创新，完善与数字政务建设相适应的规章制度。强化数字化能力建设，促进信息系统网络互联互通、数据按需共享、业务高效协同。提升数字化服务水平，加快推进"一件事一次办"，推进线上线下融合，加强和规范政务移动互联网应用程序管理。三是打造自信繁荣的数字文化。大力发展网络文化，加强优质网络文化产品供给，引导各类平台和广大网民创作生产积极健康、向上向善的网络文化产品。推进文化数字化发展，深入实施国家文化数字化战略，建设国家文化大数据体系，形成中华文化数据库。提升数字文化服务能力，打造若干综合性数字文化展示平台，加快发展新型文化企业、文化业态、文化消费模式。四是构建普惠便捷的数字社会。促进数字公共服务普惠化，大力实施国家教育数字化战略行动，完善国家智慧教育平台，发展数字健康，规范互联网诊疗和互联网医院发展。推进数字社会治理精准化，深入实施数字乡村发展行动，以数字化赋能乡村产业发展、乡村建设和乡村治理。普及数字生活智能化，打造智慧便民生活圈、新型数字消费业态、面向未来的智能化沉浸式服务体验。五是建设绿色智慧的数字生态文明。推动生态环境智慧治理，加快构建智慧高效的生态环境信息化体系，运用数字技术推动山水林田湖草沙一体化保护和系统治理，完善自然资源三维立体"一张图"和国土空间基础信息平台，构建以数字孪生流域为核心的智慧水利体系。加快数字化绿色化协同转型。倡导绿色智慧生活方式。

三、电子商务的分类

电子商务可以根据不同维度进行分类,比较常见的有按照电子商务交易主体对象分类、按照交易过程数字化程度分类等方式。

(一) 按照电子商务交易主体对象分类

在电子商务活动中,交易主体对象可以分为企业(Business)、消费者(Customer)、政府组织(Government)等,基于不同的交易主体双方,可以将电子商务分为企业与企业间的电子商务、企业与消费者之间的电子商务、个人与个人之间的电子商务、电子政务、线上线下融合的电子商务等不同类型,这也是电子商务最主要的分类方式。

1. 企业与企业间的电子商务

企业与企业间的电子商务(Business to Business,B2B)是指企业与企业通过互联网进行数据信息的交换、传递,开展交易活动的商业模式。典型代表:1688网、找钢网等。

◇ **主题讨论**

如何理解"B2B是电子商务中最主要的一种模式"这句话?

◈ **特色引领**

中国领先的产业科技平台——找钢网

找钢网(见图1-2)隶属于上海找钢网信息科技股份有限公司,成立于2012年初,是国内领先的钢铁行业全产业链B2B电商平台。2011年下半年,以钢铁为代表的大宗商品进入产能过剩时期,在产能过剩的情况下,企业逐渐追求渠道扁平化,生产企业的销售经受不起渠道的中断,找钢网适时出现,借助电商平台在销售渠道扁平化方面的优势,帮钢铁企业创新了业务模式,钢铁销售也能由以前的"批发制"转向"零售制",为钢铁产业链带来了一种创新的电子商务服务模式。互联网这种透明、高效、低成本的属性驱动了整个钢材供销渠道的变革,从而实现了交易的集中化。

截至 2022 年上半年,找钢网业务已涵盖钢铁、电子、汽配等多个行业。在钢铁板块,日均可售库存超过 400 万吨。现在的找钢网已经发展成为可以提供涵盖整个钢铁贸易价值链的综合型全产业链服务平台,主要业务包括钢铁贸易、物流、仓储加工以及供应链金融、国际电商、大数据服务。找钢网作为产业互联网的标志性企业,已经成为国内各个传统领域的产业互联网和 B2B 电商争相模仿的对象,在塑料、化纤、棉纺、煤炭等领域都诞生了与找钢网功能类似的 B2B 电商平台,各个传统行业产业互联网的崛起对中国传统经济转型升级提供了非常关键的帮助。

图 1-2 找钢网

2. 企业与消费者之间的电子商务

企业与消费者之间的电子商务(Business to Customer, B2C)是指企业针对个人开展的电子商务活动的总称,如企业为个人提供在线医疗咨询、在线商品购买等。典型代表:天猫、京东、当当网、唯品会等。

以京东商城为例(见图 1-3),作为专业的综合网上购物商城,销售超数万个品牌、4 020 万种商品,囊括家电、手机、计算机、母婴、服装等 13 大品类。同时,京东商城在专有技术平台支持营运的基础上,一直注重发展自营零售业务和建立自有物流基础设施,凭借良好的用户体验,获得了大批忠诚度较高的优质用户。

3. 个人与个人之间的电子商务

个人与个人之间的电子商务(Customer to Customer, C2C)是指个人借助电子商务平台为个人提供销售产品或提供服务的方式。典型代表:淘宝、闲鱼等。

图 1-3　京东商城

易趣网关停引发业界思考

2022年8月,淘宝曾经最大的对手——易趣网发布公告,停止易趣网络平台运营,关闭易趣网站。至2022年8月12日24时,易趣网将关闭网站所有商品、商铺的交易功能,关闭易趣网用户注册、登录、充值功能,关闭网站服务器。作为中国第一家C2C网站,易趣网的关停引发业界思考。

易趣网,这个如今很多人从未听说过的网站,曾经是淘宝最大的对手,2003年易趣网在C2C市场占有率高达80%。然而,在这之后易趣网被国际电商巨头eBay收购,并在之后与淘宝的竞争中节节败退。2006年12月,淘宝完胜eBay,eBay撤出中国,TOM网收购易趣网。如今随着规模的扩大和用户数量的增加,淘宝网已经从单一的C2C网络集市变成了包括C2C、分销、拍卖、直供、众筹、定制等多种电子商务模式在内的综合性零售平台。

淘宝网和易趣网的较量,除了最初淘宝网打出的"三年免费"模式以外,更为关键的还是淘宝网更懂中国用户,采用了适合中国商家和消费者的平台经营模式,为企业的长远发展提供了发展动力。

4. 电子政务

电子政务是指在国家机关政务活动中,全面应用现代信息技术、网络技术以及办公自动化技术等进行办公、管理和为社会提供公共服务的一种全新的管理模式。

◆ **网络探索**

以小组为单位,通过网络查阅资料,列出10个电子商务平台,讨论如何按照不同的分类方法进行归类。

电子政务主要包括以下几种形式:政府间电子政务(Government to Government,G2G)、政府与商业机构间电子政务(Government to Business,G2B)、政府与公民间电子政务(Government to Consumer,G2C)等。主要工作领域包括:政府从网上获取信息,推进网络信息化;加强政府的信息服务,开设政府网站和主页,向公众提供信息服务,实现政务公开;建立网上服务体系,将政务通过互联网与公众互动处理;将电子商务用于政府,如电子化政府采购;利用政务网络,实现政府"无纸化办公"以及建立政府知识库等。

⌖ **探索驱动**

中国电子政务排名成为全球增幅最高的国家之一

2022年12月28日,《2022联合国电子政务调查报告(中文版)》在中共中央党校(国家行政学院)发布。报告显示,我国电子政务排名在193个联合国会员国中从2012年的第78位上升到了2022年的第43位,成为全球增幅最高的国家之一。

报告指出,193个联合国会员国的电子政务排名情况以及这些国家在电子政务发展指数(E-Government Development Index,EDGI)水平的四个级别分组(非常高、高、中等和低)。2022年全球EDGI平均值为0.610 2。中国的EDGI值为0.811 9,属于"非常高水平"。

我国电子政务排名持续提升,进入全球第一梯队,我国电子政务发展逐渐从"追赶者"进入"领跑者"行列。以国家政务服务平台为总枢纽的全国一体化政务服务平台初步建成,服务事项网上办已成为政务服务的主要方式,有效解决了群众和企业办事难、办事慢、办事繁的问题。

(资料来源:学习强国,有改写)

5. 线上线下融合的电子商务

线上线下融合的电子商务(Online to Offline,O2O),是指将线下的商务机会与互联网结合,让互联网成为线下交易的前台。典型代表:聚焦餐饮行业的美团、聚焦房地产行业的安居客等。

6. 其他分类

除了以上常见的几种分类方式外,还有一些新的电子商务类型,如 C2B 电子商务,即以消费者个体为主导的电子商务类型,在这种类型里,先由消费者提出需求,后由生产企业按需求组织生产。还有 B2B2C 电子商务,把"供应商→生产商→经销商→消费者"各个环节紧密连接在一起,整个供应链是一个从创造增值到价值变现的过程,把从生产、分销到终端零售的资源进行全面整合,不仅大大提高了电子商务企业的服务能力,更有利于客户获得增加价值的机会。

◆ **网络探索**

随着技术的不断迭代更新,人们的消费习惯不断发生改变,新的消费需求不断出现,必将会有新的电商模式不断出现。请通过网络搜索1~2个最近两年出现的电商平台,分析其是由什么模式演变而来的。

(二) 按照交易过程数字化程度分类

电子商务的交易过程包括下单与支付、订单实施、产品配送服务等活动,这些活动既可以是实体的,也可以是数字的。根据交易过程主要活动的数字化程度,可以将电子商务划分为完全电子商务和部分电子商务。

1. 完全电子商务

完全电子商务是指电子商务交易过程的主要活动都是数字化的,一般适用于数字化的产品和服务,如计算机软件、电子图书、在线教育等。在这种电子商务模式中,供求双方可以在网络上完成下单、支付、物流、交付、服务等全过程,无须借助其他手段或渠道。

2. 部分电子商务

部分电子商务是指电子商务交易过程的主要活动只有一部分是数字化的,如通过电子商务平台订购一台计算机,其下单、支付、订单实施都是数字化的,但产品配送需要通过线下进行;又如,汽车公司通过平台让用户在购置汽车前进行个性化配置,然后企业按客户需求组织生产等。

◆ **网络探索**

请根据"完全电子商务"和"部分电子商务"的定义阐述,找出两者的一些典型平台,并结合电子商务框架的概念,看看两者有哪些差别。

(三) 其他分类方式

此外,电子商务还可以根据应用领域进行分类,分为工业电子商务、农村电子商务、跨境电子商务等,同时电子商务还渗透到医疗、金融、教育等多个行业,形成新的电子商务类型,以及基于新技术、新工具产生的新模式,如直播电商等。电子商务其他分类的相关内容将会在第四章进一步讲述。

▦ **团队合作**

选择国内某一主流电商平台,通过查阅资料、内容整理、导图分析等方式,分析平台运营过程中的参与主体及其作用,并与其他团队交流分享。

◆ **视野拓展**

电子商务的信息流、商流、资金流、物流的内涵

电子商务中的任何一笔交易,都包含着四种基本的"流",即信息流、商流、资金流和物流。

1. 信息流

信息流既包括商品信息的提供、促销营销、技术支持、售后服务等内容,也包括诸如询价单、报价单、付款通知单、转账通知单等商业贸易单证,还包括交易方的支付能力、支付信誉及中介信誉等。

2. 商流

商流是指商品在购销之间进行交易和商品所有权转移的运动过程,包括商品交易的一系列活动。

3. 资金流

资金流是指资金的转移过程,包括付款、转账、兑换等过程。在电子商务活动中,信息流、商流和资金流的处理都可以通过信息网络来实现。

4. 物流

物流是指物质实体(商品或服务)的流动过程,包括运输、储存、配送等各种活动。对于少数商品和服务来说,可以直接通过网络传输的方式进行配送,如各种电子出版物、信息咨询服务、有价信息软件等。而对于大多数商品和服务来说,物流仍要经由物理方式传输,但一系列机械化、自动化工具的应用,准确、及时的物流信息对物流过程的监控,将使物流的流动速度更快、准确率更高,能有效地减少库存,缩短生产周期。

第二节　电子商务变革:产生、发展和趋势

一、电子商务的产生和发展历程

与传统商务模式相比,电子商务出现的时间较晚,但是发展迅速,成为影响全球经济发展的重要商务模式。全球电子商务的发展经历了基于 EDI 的电子商务、基于因特网的电子商务、E 概念电子商务、智慧电子商务四个阶段。

(一) 第一阶段: 基于EDI的电子商务 (1960—1990年)

EDI(Electronic Data Interchange,电子数据交换)起源于 20 世纪 60 年代,是将业

务文件按照一个公认的标准从一台计算机传输到另一台计算机上的电子化数据传输方法。由于 EDI 大大减少了纸质票据的使用数量,因此人们曾形象地称 EDI 为"无纸贸易"或"无纸交易"。从技术上讲,EDI 包括硬件与软件两大部分。硬件主要是指计算机网络,20 世纪 90 年代之前的大多数 EDI 都不通过因特网(Internet)实现,而是通过增值网(Value Added Network,VAN)实现,这样做的主要目的是确保数据交换安全可靠;软件主要包括计算机软件和 EDI 标准,用于将用户数据库系统中的信息翻译成 EDI 的标准格式以供传输、交换。由于不同行业的企业是根据自己的业务特点来规定数据库系统中的信息格式的,因此,在发送 EDI 文件时,必须将其翻译成 EDI 的标准格式,只有这样才能进行传输。EDI 的运用使得单证制作和文件处理的劳动强度、出错率和费用都大大降低,效率大大提高,极大地推动了国际贸易的发展,显示出巨大的优势和强大的生命力。但由于 EDI 通信系统的建立需要较大的投资,使用增值网的费用很高,因此,它比较适合大型跨国公司,这限制了基于 EDI 的电子商务的应用范围的扩大。

◎ 主题讨论

　　EDI 是电子商务的初级阶段,但其还未在中国普及,电子商务就迅速发展到了第二阶段。除了本书中已经提到的原因外,请大家讨论还有哪些原因限制 EDI 在中国的发展。

(二) 第二阶段: 基于因特网的电子商务 (1991—1999 年)

　　20 世纪 90 年代以后,因特网迅速普及,成为一种大众化的信息传播工具,而其中电子商务成为互联网应用的最大热点。

　　因特网克服了 EDI 的不足,作为一个费用更低、覆盖面更广、服务更好的系统,已经取代增值网而成为电子数据交换的硬件载体,满足了中小企业对于电子数据交换的需求。在因特网基础上建立的电子信息交换系统,既成本低廉又能实现信息共享,为企业商务活动电子化提供了可能。

　　1996 年,联合国国际贸易法委员会通过了《电子商务示范法》,标志着基于因特网的电子商务的产生。

电子商务与第五次技术革命

著名演化经济学家卡洛塔·佩雷斯(Carlota Perez)的技术经济范式理论认为,伴随着五次相继出现的技术革命,从 18 世纪末开始的经济增长已历经了五个不同的阶段(如表 1-2 所示),每一个技术经济范式都经历了两大时期,即导入期(爆发阶段和狂热阶段)和展开期(协同阶段和成熟阶段)。

第五次技术革命是基于信息技术的革命,典型代表有因特网和电子商务。电子商务在二十多年间经历了酝酿、爆发、集群、扩张和成熟的过程,在这一阶段,以第三产业为代表的新兴产业高速发展,推动人类进入全球化、知识化、信息化、网络化的新时代。

表 1-2　技术革命与经济增长

阶段	技术革命	新技术、新产业	新基础设施	技术经济范式
第一阶段 (1771 年开始)	产业革命时代	机械化的棉纺织业;熟铁;机器	运河和水道;收费公路	工业生产;机械化;生产率
第二阶段 (1829 年开始)	蒸汽和铁路时代	蒸汽机;铁矿和煤矿业;铁路建设;工业	铁路;邮政;电报;大型轮船;煤气	聚合的经济/工业城市/全国范围的市场;标准零部件
第三阶段 (1875 年开始)	钢铁、电力、重工业时代	廉价钢铁,电力设备工业;铜和电缆;重化工业和民用工程	世界范围的铁路;大型桥梁与隧道;电话;电力网络	巨型结构;垂直一体化;科学成为一种生产力
第四阶段 (1908 年开始)	石油、汽车和大规模生产时代	批量生产的汽车;石油和石化产品;内燃机;家用电器	公路;石油管道网络;普遍的电力供应	大规模生产;规模经济;职能专业化
第五阶段 (1971 年开始)	信息和远程通信时代	信息革命;计算机、软件;远程通信;生物技术和新材料	世界数字远程通信;因特网;高速物流运输系统;多种电力网络	信息密集型;异质性、多样性、适应性;全球化

(三) 第三阶段:E 概念电子商务 (2000—2010 年)

2000 年以来,人们对电子商务的认识逐渐由电子商务扩展到 E 概念电子商务的高度,人们认识到电子商务实际上就是电子信息技术与商务应用的结合。电子信息技术不但可以与商务活动结合,还可以与教育、医疗、政务、军事、金融等有关应用结合,从而形成相应领域的 E 概念电子商务。如电子信息技术和教育相结合,产生了电子教务——远程教育;电子信息技术和医疗相结合,产生了电子医务——远程医疗;电子信息技术和政务相结合,产生了电子政务;电子信息技术和军事相结合,产生了电子军务——远程指挥;电子信息技术和金融相结合,产生了网络银行;电子信息技术与企业组织形式相结合,形成虚拟企业等。对应于不同的 E 概念,产生了不同的电子商务类型,如 E-business、E-commerce、E-government 等。随着电子信息技术的发展和社会需要的不断增加,人们不断为电子信息技术找到新的应用,也产生了越来越多的 E 概念,人类社会逐步进入了真正的 E 时代。

(四) 第四阶段: 智慧电子商务 (2011年至今)

随着社交网络、移动通信、物联网和云计算等技术的发展,互联网进入 Web2.0 时代,越来越多的互联网便利从政府、组织、企业让渡给了个人。2011 年 IBM 公司提出了"智慧商务"(Smarter Commerce)的概念,指出互联网信息碎片化及云计算技术愈发成熟,主动互联网营销模式出现,电子商务摆脱传统销售模式被生搬上互联网的现状,从主动、互动、用户关怀等多角度与用户进行深层次沟通,个人客户的需求才能够更充分地被展示和被听取,企业正在回归"以客户为中心"的商业本质,企业只有掌握联系更为紧密、反应更加迅速的供应商并建立合作伙伴关系网络,才能适时地提供价格合理、符合客户需求的产品或服务。在千变万化的市场环境中,企业取得商业成功的关键就是预测市场趋势,并对市场反馈进行自动化处理,以消除供需双方之间的差距。这些新的需求催生了智慧商务。智慧商务帮助企业在快速变化的环境中,通过社区、协作、流程的优化和分析,在采购、销售、市场活动和客户服务等各个环节中获得更智慧的运作流程,为客户、合作伙伴和利益相关方提供更高的价值。

◆ **网络探索**

通过网络查阅资料,找出智慧电子商务的一两个案例与大家分享。

二、中国电子商务的发展、现状和趋势

中国电子商务的发展一方面符合国际电子商务的总体发展历程,另一方面也有自

身的特点。信息技术的应用和商业模式的变革成为我国电子商务发展的两条主线。自1995年发展至今,中国电子商务经历了从"工具(点)""渠道(线)"到"基础设施(面)"这三个不断扩展和深化的发展过程。2013年,电子商务在基础设施不断完善的前提下进一步催生出新的商业生态,进一步加快传统产业的电子商务化,电子商务经济体开始兴起。到2021年,电子商务已经成为催生数字产业化、拉动产业数字化、推进治理数字化的重要引擎,是提升人民生活品质的重要方式,是推动国民经济和社会发展的重要力量。我国电子商务已深度融入生产生活各领域,在社会数字化转型方面发挥了举足轻重的作用。

⬣ 主题讨论

实体经济数字化转型带来了数字经济这一概念,请谈谈实体经济和数字经济的关系,以及电子商务在实体经济数字化转型过程中的作用。

(一) 中国电子商务发展的四个阶段

中国电子商务从工具阶段、渠道阶段、基础设施阶段到经济体阶段的演进(见图1-4),不是简单的新旧更替过程,而是不断进化、扩展和丰富的生态演进过程。

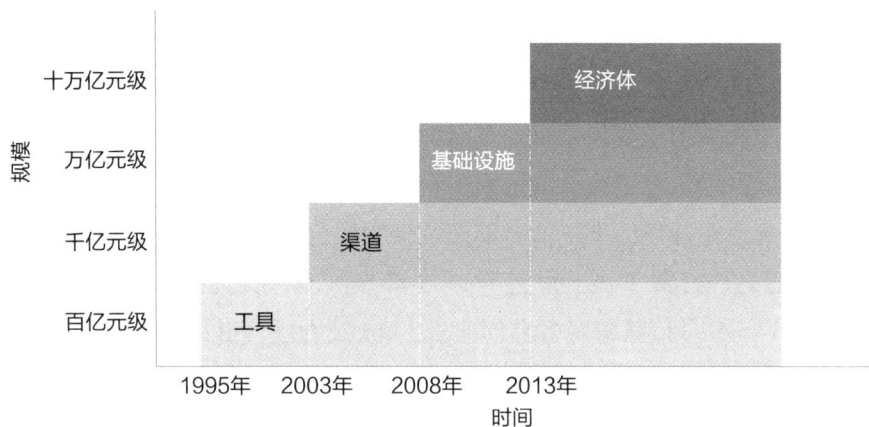

(资料来源:阿里研究院)

图1-4 中国电子商务发展示意图

1. 工具阶段(1995—2002年)

这个阶段是互联网进入中国的探索期和启蒙期。在这个阶段,中国电子商务以企业间电子商务模式探索和发展为主,技术应用和商业模式都较为单一。早期,应用电子商务的企业和个人主要把电子商务作为优化业务活动或商业流程的工具,如信息发布、信息搜索和邮件沟通等,其应用仅局限于某个业务"点"。

行业亮点

市场力量带来中国电子商务的燎原之火

1994年4月20日,我国中科院承担实施的NCF项目(中国国家计算机与网络设施)连入Internet的国际专线开通,虽然带宽只有64K,却是中国首次实现了与Internet的全功能连接。这是一个值得纪念的日子,从这一天起,中国互联网的大幕徐徐拉开。Internet引进后的中国电子商务,逐渐形成了一股市场力量。有一批民间的市场力量,秉承中国民营企业自20世纪初以来的自强不息、勇于探索的精神延续,不断探索以Internet为基础的电子商务网站、商业模式和交易形态。1995年5月9日,中国黄页成为最早为企业提供网页创建服务的互联网公司,1997年垂直网站中国化工网成立,1999年8848、携程网、易趣网、阿里巴巴、当当网等一批电子商务网站先后创立。1999年年底,中国互联网高潮来临,国内诞生了370多家从事B2C的网络公司,到2000年变成了700家。这种自发力量恰如一团星星之火,在适宜的环境暖风吹拂下,在我国政府的大力支持下,呈现"燎原"之势。

2. 渠道阶段(2003—2008年)

在这个阶段,电子商务由工具阶段过渡到渠道阶段,电子商务应用由面向企业到面向个人延伸,电子商务的主要模式得到了全面发展。在这一阶段,随着网民数量和电子商务交易量的迅速增长,电子商务成为众多企业和个人的新交易渠道,如传统商店开设的网上店铺、传统企业开设的电子商务部门及传统银行开发的网络银行等,越来越多的企业在线下渠道之外开辟了线上渠道。2003年5月,阿里巴巴集团成立淘宝网,进军C2C市场;2003年12月,慧聪网香港创业板上市,成为国内B2B电子商务首家上市公司;2004年1月,京东涉足电子商务领域;2008年,在全球金融危机背景下,众多企业把市场重心转到国内,通过B2C电商模式获得了新的业务增长点。电子商务业界的一系列的重大事件标志着中国电子商务三大主要模式的成熟。同时,电子商务服务企业的崛起逐步将电子商务延伸至供应链环节,促进了物流快递、网上支付、网站架构等电子商务支撑服务的完善。

在这一时期,国家也出台了一系列重大政策文件,为电子商务发展带来深远影响,2004年8月,第十届全国人民代表大会常务委员会第十一次会议通过《中华人民共和国电子签名法》;2005年1月,我国第一个指导电子商务发展的政策性文件《国务院办公厅关于加快电子商务发展的若干意见》（国办发〔2005〕2号）;2007年6月,国家发展和改革委员会、国务院信息化工作办公室联合发布我国首部电子商务发展规划——《电子商务发展"十一五"规划》,我国首次提出发展电子商务服务业的战略任务;2007年,商务部先后发布了《关于网上交易的指导意见(暂行)》《商务部关于促进电子商务规范发展的意见》,构筑了电子商务发展的政策生态。

3. 基础设施阶段(2009—2013年)

电子商务引发的经济变革使信息这一核心生产要素被日益广泛运用于经济活动,加快了信息在服务业、工业和农业中的渗透速度,极大地改变了消费行为、企业形态和社会创造价值的方式,有效地降低了社会交易成本,促进了社会分工协作,引发了社会创新,提高了社会资源的配置效率,深刻地影响着零售业、制造业和物流业等传统行业。在新技术的推动下,电子商务被应用于更多领域,成为信息经济重要的基础设施或新的商业基础设施,越来越多的企业和个人基于和通过以电子商务平台为核心的新商业基础设施降低交易成本、共享商业资源、创新商业服务,极大地促进了电子商务的迅猛发展。2008年7月,中国成为全球"互联网人口"第一大国,2013年度淘宝和天猫的交易额突破10 000亿元,"双11"当天交易规模达362亿元。

🔶 行业亮点

"双11"网络促销日

"双11"购物狂欢节,是指每年11月11日的网络促销日,源于淘宝商城(天猫) 2009年11月11日举办的网络促销活动,当时参与的商家数量和促销力度有限,但营业额远超预想效果,于是每年11月11日成为天猫举办大规模促销活动的固定日期。作为全球最大的购物狂欢节,中国"双11"屡创全球在线交易新纪录,数字背后中国巨大的消费潜力展现了中国数字经济的无限活力。经过十几年的发展,"双11"已经从流量时代到高质量发展,供给侧更规范,消费端更理性,从销售数据的争夺进化到新技术运用的竞争,"双11"显示了中国的强大内需,体现了数据普及与消费升级的深刻影响,是激发、唤醒、引领中国消费的小引擎和大样本。

4. 经济体阶段(2013年以后)

2013年,我国电子商务交易规模突破10万亿元大关,网络零售交易规模1.85万亿元,相当于社会消费品零售总额的7.8%,中国成为全球第一大网络零售市场。2014年2月,中国就业促进会发布的《网络创业就业统计和社保研究项目报告》显示,全国网店直接就业总计962万人,间接就业超120万人,成为创业就业新的增长点。2015年5

月,国务院印发了《关于大力发展电子商务加快培育经济新动力的意见》(国发〔2015〕24 号),进一步促进了电子商务在中国的创新发展。据中国互联网信息中心(CNNIC)发布的《第 51 次中国互联网发展状况统计报告》显示,截至 2022 年 12 月,我国网民规模达 10.67 亿人,互联网普及率达 75.6%,其中网络支付用户规模达 9.95 亿人,网购用户占全部网民的比例已达 86.0%。商务部发布的《中国电子商务报告(2021)》显示,2021 年,全国电子商务交易额达 42.3 万亿元。

网络零售的蓬勃发展促进了宽带、云计算、IT 外包、第三方支付、网络营销、网店运营、物流快递、咨询服务等服务业的发展,形成了庞大的电子商务生态系统。电子商务基础设施日益完善,电子商务对经济和社会的影响日益强劲,促进和带动经济整体转型升级,电子商务经济体开始兴起。

◆ **网络探索**

搜索并阅读商务部发布的《中国电子商务报告(2022)》,讨论中国电子商务发展现状有哪些具体特征?

(二) 中国电子商务发展现状

1. 电子商务发展实现规模效益双丰收

国家统计局数据显示,2016—2021 年,全国电子商务交易额从 26.10 万亿元增长到 42.3 万亿元,年均增长率为 9.3%。中国网购用户规模已经连续多年保持全球规模最大、最具活力的网络零售市场。

2. 电子商务助力构建以国内大循环为主体,国内国际双循环相互促进的新发展格局

电子商务创新全球产业分工及协作方式,有效提升内外贸一体化程度,促进国内国际双循环畅通。从国内市场来看,网络购物已经成为我国居民消费的重要渠道之一;从国际市场来看,在国际贸易形势严峻等因素影响下,跨境电商交易额不降反升,成为稳外贸重要力量。

3. 数字经济与实体经济融合创新态势不断深化

我国电子商务加速创新迭代,与实体经济深度有机融合,通过线上线下相结合的方式,带动了农业、制造业、传统零售业数字化升级,提升了生活服务业智能化便利化水平,已成为实体经济不可或缺的组成部分。直播电商等新模式快速应用,成为许多线下企业开辟线上市场的重要抓手。智能制造与数据赋能催生用户直连制造(Customer to Manufacturer,C2M)等新模式,电子商务促进要素优化配置作用不断提升,服务民生能

力进一步增强。

4. 电子商务营商环境持续改善

2019 年 1 月,《电子商务法》正式实施,电子商务标准、诚信体系建设不断完善,市场规制进一步完善。电子商务公共服务做优做强,政策解读、在线办事、数据开放、人才培养等公共服务进一步丰富。电子商务示范体系建设稳步推进,2022 年国家电子商务示范基地扩容至 155 家,电子商务示范基地布局进一步优化,引领作用进一步凸显。

5. 电子商务国际合作成果丰硕

"十三五"期间,我国与 22 个国家建立双边合作机制,"丝路电商"成为国际合作新名片。我国积极构建高水平电子商务国际规则体系,设立电子商务章节的自贸协定达到 11 个,《区域全面经济伙伴关系协定》(Regional Comprehensive Economic Partnership,RCER)中的电子商务章节成为目前覆盖区域最广、内容全面广泛的电子商务国际规则。至 2022 年 11 月,国务院已在全国设置跨境电商综合试验区 165 个,大力推广促进跨境电商发展。

(三) 中国电子商务发展趋势

1. 创新驱动产业融合发展

融合化、智能化是电子商务的发展趋势,新基础设施将成为电子商务升级发展的阶梯。在技术创新和消费升级的双重作用下,中国电子商务正加速由规模化增长向高质量发展转变。工业电商快速崛起,制造企业通过工业互联网云平台或云制造平台获取各类制造资源和制造能力服务,快速提升企业创新能力和适应市场的能力,实现订单、生产企业及上下游企业的高效协同。农村电商通过进一步完善政策体系,推进信息基础设施建设,推动农产品直播带货、社区团购等新模式发展,成为推动脱贫攻坚和乡村振兴的重要抓手。

◈ **行业亮点**

中国电商持续创新助力产业数字化升级

在技术创新和消费升级的双重作用下,中国电子商务正加速由规模化增长向高质量发展转变。数字技术将更多应用于电子商务场景,电子商务企业通过运用大数据、云计算、人工智能、虚拟现实等先进技术,对商品生产、流通、销售的全链条进行改造和重构,从而创新经营服务模式,增强商品及服务供给,进一步释放消费潜力。持续创新将使电子商务更具活力,成为产业数字化的加速器。在居民生活领域,在线医疗、在线教育将迎来大发展,数字化生活服务平台强势崛起;在企业运营方面,在线办公、资源共享等平台化服务将加速推进,无人技术将迎来新的发展空间。

2. 区域协调普惠均衡发展

电子商务将进一步向普惠、均衡方向发展,直播电商进入全面渗透、高速增长阶段,农产品电商、生鲜电商大有可为,电子商务相关平台将加速走进商品原产地及特色产业带。在此作用之下,下沉市场[①]的消费潜能得到进一步释放,中小城市及农村地区电子商务创新创业机会增多。直播带货、短视频电商、小程序电商、社区拼团、社交分享等新模式加速区域电子商务产业发展。规范经营的网红经纪机构、主播达人成为创业就业新形式。中小城市把握电子商务模式创新带来的机遇,在学习借鉴一二线城市的产业及政策经验基础上,支持线上线下融合发展,培育直播电商等新兴业态,引进吸纳一二线城市功能外迁的电子商务企业,形成符合当地资源禀赋的电子商务产业。

◈ 行业亮点

中央网信办等十部门:引导电商向中西部农村地区深入拓展

2022 年 1 月,中央网信办、农业农村部、国家发展改革委等十个部门印发《数字乡村发展行动计划(2022—2025 年)》(以下简称《行动计划》),要求巩固拓展脱贫攻坚成果、做好网络帮扶与数字乡村建设有效衔接。在农村电商方面,引导电商、快递、物流企业向中西部农村地区深入拓展。《行动计划》提出,到 2023 年,数字乡村发展取得阶段性进展,网络帮扶成效得到进一步巩固提升,农村互联网普及率和网络质量明显提高,农业生产信息化水平稳步提升,"互联网 + 政务服务"进一步向基层延伸,乡村公共服务水平持续提高,乡村治理效能有效提升。

3. 国际合作互利共赢发展

随着中国对外开放和"一带一路"倡议不断深入,跨境电子商务作为国际贸易新模式,将为全球贸易注入更强大动能,可以大幅提高贸易便利化水平,形成新型贸易合作关系,加速推动电子商务市场全球化进程。跨境电子商务促成全球卖家将全球商品通过国际化的电子商务交易和服务平台销售给全球各地用户,全球产业在线分工协作渐成大势。中国电子商务企业紧抓电子商务国际合作机遇,全方位发挥产业集群优势,打造数字化仓储供应链体系,精细发展跨境物流服务,加快品牌、模式、技术、资本出海步伐,推动构建互利共赢、普惠高效、安全可靠、环境友好的全球电子商务产业体系。

---

① 下沉市场是指三线以下城市、县镇与农村地区市场。范围大而分散,且服务成本更高是这个市场的基本特征。

数字零售变革成为新趋势

2016 年,以盒马、永辉、京东、苏宁等为代表的新零售以"颠覆者"的姿态闯入市场,迅速成为消费者的新宠。随着产业的进一步发展,新零售的热潮褪去,数字零售变革的风潮渐起。

数字零售的出现基于新零售的发展。新零售是通过应用移动互联、大数据、物联网、人工智能等技术手段,基于"线上 + 线下 + 物流"数据打通,其核心是以消费者为中心的会员、支付、库存、服务等数据的全面共享,从而实现线上与线下深层次融合,对商品的生产、流通、展示、营销、销售、售后等全过程进行升级。

数字零售是在新零售基础上发展起来的,数字零售四大关键技术分别为云化、数据化、智联化、移动化。通过互联网信息技术,将传统零售中"人""货""场"的各类因素(如商品、仓储、会员、营销、线上线下场景等)数字化,将其转化为清晰、直观、庞大、细微的数据,并通过对数据的处理与应用来提升整个零售行业的效率,是利用互联网、基于大数据全渠道运营的智能化、高体验消费方式。

未来数字零售大致有五大趋势。第一,科技、大数据在整个零售行业中发挥的价值会越来越大;第二,跨界融合愈加丰富,线上零售商不断向线下发展,线下零售商不断开展线上业务,数字经济与实体经济深度融合;第三,企业之间合作越来越紧密,合作方式从流量合作、业务合作转向战略合作;第四,整个零售业态,包括综合与专业市场、专卖店、商场、超市、便利店等都将加入其中;第五,数字消费、物流科技、金融科技、新制造等领域迎来更广阔的变革空间。

第三节 电子商务规范:国家规划、法律法规和相关政策

电子商务规范:国家规划、法律法规和相关政策

一、国家规划:《"十四五"电子商务发展规划》

中国电子商务的快速发展与国家战略层面的推动密不可分,我国自 2007 年起开始

发布"电子商务五年发展规划",迄今已经编制了四期,在指引我国电子商务发展方向、推动电子商务实现快速健康发展方面发挥了重要作用。

《"十四五"电子商务发展规划》是由商务部、中央网信办和发展改革委研究编制,于2021年10月9日联合发布。作为"十四五"时期商务领域重点专项规划,该规划深入研判我国电子商务发展现状和趋势、分析面临机遇和挑战,阐明"十四五"时期电子商务发展方向和任务,是市场主体的行为导向和各级相关政府部门履行职责的重要依据。

> ⬡ **主题讨论**
>
> 查阅《"十四五"电子商务发展规划》,了解"十四五"期间中国电子商务发展的七大主要任务,讨论学习《"十四五"电子商务发展规划》的必要性。

(一)《"十四五"电子商务发展规划》出台背景

从《"十四五"电子商务发展规划》看电子商务

"十三五"时期,我国电子商务交易额从2015年的21.8万亿元增至2020年的37.2万亿元;全国网上零售额2020年达到11.8万亿元,我国已连续8年成为全球规模最大的网络零售市场;2020年实物商品网上零售额占社会消费品零售总额的比重接近四分之一,电子商务已经成为居民消费的主渠道之一;电子商务从业人员规模超过6 000万人,电商新业态、新模式创造了大量新职业、新岗位,成为重要的"社会稳定器"。这些数据充分说明,电子商务已经全面融入我国生产生活各领域,成为提升人民生活品质和推动经济社会发展的重要力量。与此同时,我国电子商务发展仍然面临不规范、不充分、不平衡等问题,平台企业垄断和不公平竞争问题凸显,企业核心竞争力不强,外部宏观环境发生复杂深刻变化,电子商务高质量发展机遇和挑战并存。

(二)《"十四五"电子商务发展规划》重点任务

1. 深化创新驱动,塑造高质量电子商务产业

《"十四五"电子商务发展规划》(以下简称《规划》)从技术应用创新、模式业态创新、协同创新、绿色低碳发展四个方面,确立了"十四五"时期我国电子商务创新发展的主攻方向,引导电子商务企业从向流量要增长转变为依托创新促增长,更好地服务创新驱动发展和区域协同发展等国家重要战略,更好地服务国家经济高质量发展和企业转型升级的经济发展要求。

电子商务基础与应用

2. 引领消费升级，培育高品质数字生活

通过打造数字生活消费新场景、丰富线上生活服务新供给、满足线下生活服务新需求，多措并举推动数字技术全面融入社会交往和日常生活，把扩大消费与提升人民生活品质结合起来，构筑美好数字生活的新图景。

3. 推进商产融合，助力产业数字化转型

《规划》在应用电子商务带动生产制造智能化发展、提升产业链协同水平、推动供应链数字化转型等方面设计了一系列具体工作内容，把电子商务作为产业数字化的重要牵引力，积极培育产业互联网新模式新业态，助力形成具有更强创新力、更高附加值、更安全可靠的产业链供应链。

4. 服务乡村振兴，带动下沉市场提质扩容

《规划》明确提出要培育农业农村产业新业态、推动农村电商与数字乡村紧密衔接、大力发展县域电子商务服务，推动电子商务及新一代信息技术向农业农村应用，打造农业农村现代化发展的新引擎，促进数字农业发展，辐射带动乡村电子商务创业就业，让农民更多分享产业增值收益。

5. 倡导开放共赢，开拓国际合作新局面

《规划》从发展跨境电商、推动数字领域国际合作、推进数字领域国际规则构建三个方面，就电子商务助力实现高水平对外开放指明了具体路径，通过鼓励电子商务企业全球化经营、积极发展"丝路电商"、发挥电子商务在数字国际规则制定的核心作用等，推动全球经济从产业间合作向产业链深度协作方向升级发展，助力推动全球治理体系朝向更公正更合理的方向发展。

6. 推动效率变革，优化要素资源配置

《规划》将促进数据要素高水平开发利用放在首要位置，彰显了数据资源对电子商务高质量发展的重要意义，提出了发展数据要素市场、激活数据要素潜能、建立健全数据要素市场规则的工作设想，为电子商务依法合规高效应用数据要素提供了重要保障。此外，《规划》也对分层次完善电子商务人才市场、优化载体资源、多维度加强金融服务进行了详细说明。

7. 统筹发展安全，深化电子商务治理

《规划》强调进一步完善电子商务法规标准体系，全方位提升电子商务监管能力和水平，构建起电子商务多元共治格局，为形成科学高效的电子商务治理体系和治理能力作出了全面安排。

从《"十四五"电子商务发展规划》看电子商务高质量发展

电子商务高质量发展的内涵就是"创新、协调、绿色、开放、共享"的新发展理念在电子商务领域的集中体现。《规划》在基本原则部分提出：

要"坚持守正创新,规范发展",强调规范就是要针对电子商务领域在发展过程中暴露出的突出问题进行集中整治,让电子商务能够以更健康的姿态进入新发展阶段,同时仍然强调要保持电子商务的创新活力,以更深层次、更大范围、更新技术的创新来形成电子商务发展新空间。

要"坚持融合共生,协调发展",强调融合与协调就是要进一步明确电子商务产业在"十四五"时期的发展重点是在助力实体经济的数字化转型发展方面,把发展方向和重点回归到更高质量地服务实体经济、助力共同富裕方面。

要"坚持普惠共享,绿色发展",强调普惠共享,就是要利用好电子商务领域中小微企业聚集、就业创业集中、连通城市乡村、服务国内国际等特点,通过营造良性发展的产业链环境,打造更加公平的产业链分配机制,助力"共同富裕"目标的实现;强调绿色发展,就是要在电子商务自身绿色化的基础上,通过电子商务的广泛渗透作用带动全社会的绿色发展。

要"坚持合作共赢,开放发展",强调开放发展就是要准确把握我国电子商务产业国际化发展趋势,通过政府主动作为在国际电子商务规则环境等方面为我国电子商务产业国际化发展提供基础支撑,让我国电子商务"走出去"步伐更加稳健,把电子商务产业的国际比较优势发挥得更加充分;同时通过主动扩大开放,打造更加便利化的电子商务通道,吸引全球优质商品与服务资源服务国内消费升级。

二、法律法规:《中华人民共和国电子商务法》

良好的法律环境是电子商务健康有序发展的重要保障,为适应电子商务的快速发展,我国在电子商务立法方面不断地完善和提升,并取得重大进展。《电子商务法》由中华人民共和国第十三届全国人民代表大会常务委员会第五次会议于2018年8月31日通过并予公布,2019年1月1日起施行。《电子商务法》全篇共七章八十九条,对电子商务经营者、电子商务合同的订立与履行、电子商务争议解决、电子商务促进和法律责任等进行详细规定。

（一）立法进程

　　2013年，根据十二届全国人大常委会立法规划，全国人大财政经济委员会牵头起草
《电子商务法》。2018年8月31日，十三届全国人大常委会第五次会议表决通过了《电
子商务法》。从2013年提出到2018年通过，经过了五年的时间。《电子商务法》立法
进程如图1-5所示。

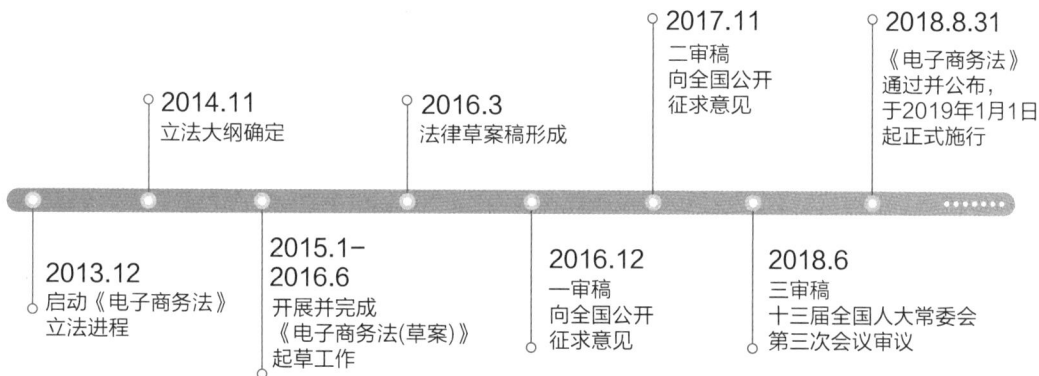

2017.11
二审稿
向全国公开
征求意见

2018.8.31
《电子商务法》
通过并公布，
于2019年1月1日
起正式施行

2014.11
立法大纲确定

2016.3
法律草案稿形成

2013.12
启动《电子商务法》
立法进程

**2015.1-
2016.6**
开展并完成
《电子商务法(草案)》
起草工作

2016.12
一审稿
向全国公开
征求意见

2018.6
三审稿
十三届全国人大常委会
第三次会议审议

图1-5 《电子商务法》立法进程

（二）立法指导思想

　　《电子商务法》立法的指导思想是：全面贯彻党的十八大和十八届三中、四中、五中、
六中全会精神，牢固树立和贯彻落实创新、协调、绿色、开放、共享的新发展理念，按照完
善社会主义市场经济体制、依法治国、依法行政的总体目标和要求，坚持促进发展、规范
秩序、保障权益，充分发挥立法的引领和推动作用，加强顶层设计，夯实制度基础，激发电
子商务发展创新的新动力新动能，解决电子商务发展中的突出矛盾和问题，建立开放、共
享、诚信、安全的电子商务发展环境，推动经济结构调整，实现经济提质增效转型升级，切
实维护国家利益。

(三) 主要内容

1. 电子商务经营者

《电子商务法》规定,电子商务经营者是指通过互联网等信息网络从事销售商品或者提供服务的经营活动的自然人、法人和非法人组织,包括电子商务平台经营者、平台内经营者以及通过自建网站、其他网络服务销售商品或者提供服务的电子商务经营者。其中:

(1) 电子商务平台经营者,是指在电子商务中为交易双方或者多方提供网络经营场所、交易撮合、信息发布等服务,供交易双方或者多方独立开展交易活动的法人或者非法人组织。

(2) 平台内经营者,是指通过电子商务平台销售商品或者提供服务的电子商务经营者。

2. 电子商务合同的订立与履行

(1) 合同订立。《电子商务法》第四十七条规定:电子商务当事人订立和履行合同,适用本章①和《中华人民共和国民法总则》《中华人民共和国合同法》《中华人民共和国电子签名法》等法律的规定。

《电子商务法》第四十八条规定:电子商务当事人使用自动信息系统订立或者履行合同的行为对使用该系统的当事人具有法律效力。

在电子商务中推定当事人具有相应的民事行为能力。但是,有相反证据足以推翻的除外。

《电子商务法》第四十九条规定:电子商务经营者发布的商品或者服务信息符合要约条件的,用户选择该商品或者服务并提交订单成功,合同成立。当事人另有约定的,从其约定。

电子商务经营者不得以格式条款等方式约定消费者支付价款后合同不成立;格式条款等含有该内容的,其内容无效。

《电子商务法》第五十条第一款规定:电子商务经营者应当清晰、全面、明确地告知用户订立合同的步骤、注意事项、下载方法等事项,并保证用户能够便利、完整地阅览和下载。

◈ 主题讨论

　　某服装平台 VIP 会员张某,因 86.21% 的高退货率,被该平台依据用户协议冻结账户,张某不服并起诉。法院审理认为,消费者虽有退货权,但若退货行为长期超过消费者普遍的退货率,则该行为有悖于诚实信用原则,构成权力滥用。

　　请查阅《电子商务法》,并讨论法院审理是依据哪一条法律条款进行的?

---

① 是指《电子商务法》第三章电子商务合同的订立与履行。

（2）合同履行。《电子商务法》第五十一条第一款规定：合同标的为交付商品并采用快递物流方式交付的，收货人签收时间为交付时间。合同标的为提供服务的，生成的电子凭证或者实物凭证中载明的时间为交付时间；前述凭证没有载明时间或者载明时间与实际提供服务时间不一致的，实际提供服务的时间为交付时间。

《电子商务法》第五十二条第一款和第二款规定：电子商务当事人可以约定采用快递物流方式交付商品。快递物流服务提供者为电子商务提供快递物流服务，应当遵守法律、行政法规，并应当符合承诺的服务规范和时限。快递物流服务提供者在交付商品时，应当提示收货人当面查验；交由他人代收的，应当经收货人同意。

《电子商务法》第五十三条第一款和第二款规定：电子商务当事人可以约定采用电子支付方式支付价款。电子支付服务提供者为电子商务提供电子支付服务，应当遵守国家规定，告知用户电子支付服务的功能、使用方法、注意事项、相关风险和收费标准等事项，不得附加不合理交易条件。电子支付服务提供者应当确保电子支付指令的完整性、一致性、可跟踪稽核和不可篡改。

3. 电子商务争议解决

（1）建立质量担保机制。《电子商务法》第五十八条第一款与第二款规定：国家鼓励电子商务平台经营者建立有利于电子商务发展和消费者权益保护的商品、服务质量担保机制。电子商务平台经营者与平台内经营者协议设立消费者权益保证金的，双方应当就消费者权益保证金的提取数额、管理、使用和退还办法等作出明确约定。

（2）投诉。《电子商务法》第五十九条规定：电子商务经营者应当建立便捷、有效的投诉、举报机制，公开投诉、举报方式等信息，及时受理并处理投诉、举报。

（3）协商调解与仲裁诉讼。《电子商务法》第六十条规定：电子商务争议可以通过协商和解，请求消费者组织、行业协会或者其他依法成立的调解组织调解，向有关部门投诉，提请仲裁，或者提起诉讼等方式解决。

◈ 主题讨论

　　李某、张某（双方系夫妻关系）之女入住某公司经营的月子会所一段时间后，被诊断出支气管肺炎。夫妻二人因此在大众点评网发布对该月子会所的差评，被该公司投诉至法院。法院审理认为，二人发布评论未构成名誉侵权。

　　请查阅《电子商务法》，并讨论法院审理是依据哪一条法律条款进行的？

4. 电子商务促进

（1）创新发展。《电子商务法》第六十四条规定：国务院和省、自治区、直辖市人民政府应当将电子商务发展纳入国民经济和社会发展规划,制定科学合理的产业政策,促进电子商务创新发展。

(2) 绿色发展。《电子商务法》第六十五条规定:国务院和县级以上地方人民政府及其有关部门应当采取措施,支持、推动绿色包装、仓储、运输,促进电子商务绿色发展。

(3) 标准化发展。《电子商务法》第六十六条规定:国家推动电子商务基础设施和物流网络建设,完善电子商务统计制度,加强电子商务标准体系建设。

(4) 融合发展。《电子商务法》第六十七条规定:国家推动电子商务在国民经济各个领域的应用,支持电子商务与各产业融合发展。

《电子商务法》第六十八条规定:国家促进农业生产、加工、流通等环节的互联网技术应用,鼓励各类社会资源加强合作,促进农村电子商务发展,发挥电子商务在精准扶贫中的作用。

(5) 数据安全与共享。《电子商务法》第六十九条规定:国家维护电子商务交易安全,保护电子商务用户信息,鼓励电子商务数据开发应用,保障电子商务数据依法有序自由流动。国家采取措施推动建立公共数据共享机制,促进电子商务经营者依法利用公共数据。

(6) 信用评价。《电子商务法》第七十条规定:国家支持依法设立的信用评价机构开展电子商务信用评价,向社会提供电子商务信用评价服务。

(7) 跨境电商发展。《电子商务法》第七十一条第一款规定:国家促进跨境电子商务发展,建立健全适应跨境电子商务特点的海关、税收、进出境检验检疫、支付结算等管理制度,提高跨境电子商务各环节便利化水平,支持跨境电子商务平台经营者等为跨境电子商务提供仓储物流、报关、报检等服务。

《电子商务法》第七十三条第一款规定:国家推动建立与不同国家、地区之间跨境电子商务的交流合作,参与电子商务国际规则的制定,促进电子签名、电子身份等国际互认。

5. 法律责任

《电子商务法》对参与电子商务经营的相关主体在其电子商务活动或者为电子商务经营活动提供服务的活动中依法承担的民事责任、行政责任和刑事责任都做了明确规定。

▨ 法治在线

《电子商务法》新亮点:默认勾选成历史

禁止"默认勾选",应显著提示搭售。默认同意获取个人信息、买机票搭个"专车"接送……这样的消费场景曾多次上演。在《电子商务法》实施以后,"默认勾选"将成为历史,消费页面应让消费者知情,并主动勾选"同意"。

《电子商务法》第十九条规定:电子商务经营者搭售商品或者服务,应当以显著方式提请消费者注意,不得将搭售商品或者服务作为默认同意的选项。

此规定体现了作为电子商务经营者,所有经营行为必须遵守不得损害消费者利益的商业伦理与道德,从法律层面对从业者进行了约束。

三、电子商务相关其他法律法规和政策

在国家大力支持电子商务发展的背景下,很多与电子商务相关的法律法规和政策陆续出台。自 2000 年以来,我国颁布了《中华人民共和国电子签名法》和《国务院办公厅关于加快电子商务发展的若干意见》《"互联网 + 流通"行动计划》《国务院关于积极推进 "互联网 +" 行动的指导意见》《国务院办公厅关于促进农村电子商务加快发展的指导意见》《工业电子商务发展三年行动计划》等一系列电子商务相关政策、法律、行政法规。出台的相关法律法规和政策,对于促进网上交易活动、依法维护各方权益、创造和维护网上交易良好环境、共同推动我国电子商务发展起到了积极作用。

◈ 行业亮点

网络直播主体信用评价团体标准发布

直播经济已成为助力数字经济发展的重要引擎,加强网络直播行业诚信建设及规范管理、建立信用评价体系,是促进行业良性发展的重要举措。2022 年 8 月,在第二届中国新电商大会上,《网络直播主体信用评价指标体系》团体标准发布。

该团体标准旨在规范网络直播主体行为、建立健全标准体系,是在中央网信办、国家发改委、国家市场监管总局、中国消费者协会等相关部门单位指导下编制的,以 62 份法律法规及监管部门文件为依据,主要内容包括适用范围、网络直播主体信用评价的原则、评价主体要求、指标体系、评价方法和评价程序六个方面。

团体标准适用范围为网络直播平台对网络主播、直播间运营者的信用评价,相关行业组织及第三方机构对网络主播、直播间运营者的信用评价可参照使用,虚拟主播的信用评价也可参照使用。《网络直播主体信用评价指标体系》包含网络主播、直播间运营者等两类信用主体的信用评价指标。评价方法规定信用分满分 1000 分,根据信用分划分出 5 个信用等级。团体标准评价的结果可应用于平台对直播主体开展分级管理,为相关行政主管部门、行业协会以及第三方机构对网络直播主体评价和分级分类监管提供参考与支持。

网 剑 行 动

网剑行动是指网络市场监管专项行动，该行动围绕七项重点任务开展：

一是落实电商平台责任，夯实监管基础。按照《电子商务法》等法律法规要求，依法督促电子商务平台落实平台责任；规范电子商务经营主体，集中整治非法主体互联网应用。

二是重拳打击不正当竞争行为，规范网络市场竞争秩序。按照《中华人民共和国反垄断法》《中华人民共和国反不正当竞争法》《中华人民共和国电子商务法》等法律规定，严厉打击排除、限制竞争及妨碍、破坏其他经营者合法提供的网络产品或者服务正常运行行为，依法查处电子商务平台经营者对平台内经营者进行不合理限制或者附加不合理条件等行为。

三是集中治理网上销售侵权假冒伪劣商品，守住安全底线。以食品(含保健食品)、药品、医疗器械、防疫用品、化妆品、儿童用品、服装鞋帽、家居家装、汽车及配件等舆情热点、社会反映集中、关系公众生命健康安全的产品为重点，开展集中整治，强化线上线下联合监管和信息共享，严惩违法犯罪行为。

四是严厉打击野生动植物及其制品非法交易行为，保护野生动植物资源和公共卫生安全。严肃查处通过微博、微信、视频网站、直播平台等网络社交平台，发布、直播和恶意传播、转发违法猎捕、杀害、吃食、加工、虐待和利用野生动物及制品的视频和网络直播行为；加大野生动植物及其制品交易监管力度，全面禁止网上非法野生动植物交易。

五是强化互联网广告监管，维护互联网广告市场秩序。集中整治社会影响大、覆盖面广的门户网站、搜索引擎、电子商务平台、移动客户端和新媒体账户等互联网媒介上发布违法广告行为，曝光一批大案要案。

六是依法整治社会热点问题，营造良好网络市场环境。规范"直播带货"等网络经营活动秩序，依法惩处"直播带货"等领域中的违法犯罪行为；加强二手物品网络交易平台监管，依法打击借众筹名义实施非法集资、诈骗等违法犯罪行为，依法整治社会热点问题。

七是依法查处其他网络交易违法行为，保护消费者合法权益。

党的二十大报告明确指出："健全网络综合治理体系，推动形成良好网络生态。"网剑行动的实施开展，有利于弘扬网络正能量，规范网络秩序，净化网络环境。

一、单选题

1. 《电子商务法》规定：本法所称电子商务，是指通过互联网等信息网络销售商品或者提供服务的（　　）。
   A. 商务活动 　　　　　　　　　　　　B. 经营活动
   C. 商业模式 　　　　　　　　　　　　D. 商业活动

2. 在中国，最早为企业提供网页创建服务的互联网公司是（　　）。
   A. 中国黄页 　　　　　　　　　　　　B. 携程网
   C. 易趣网 　　　　　　　　　　　　　D. 阿里巴巴

3. 下列选项中不属于电子商务公共服务类应用的是（　　）。
   A. 网络直播 　　　　　　　　　　　　B. 在线教育
   C. 网约车 　　　　　　　　　　　　　D. 在线医疗

4. 《电子商务法》开始施行的时间是（　　）。
   A. 2018 年 1 月 1 日 　　　　　　　　B. 2019 年 1 月 1 日
   C. 2018 年 8 月 30 日 　　　　　　　　D. 2019 年 9 月 1 日

5. 下列选项中不属于电子商务经营者的是（　　）。
   A. 电子商务平台经营者 　　　　　　　B. 平台内经营者
   C. 通过自建网站提供服务的经营者 　　D. 电子商务平台监管者

二、多选题

1. 下面选项中属于电子商务的系统组成部分的是（　　）。
   A. 需求方 　　　　　　　　　　　　　B. 供应方
   C. 支付系统 　　　　　　　　　　　　D. 认证中心

2. 中国电子商务的发展经历了以下（　　）阶段。
   A. 工具阶段 　　　　　　　　　　　　B. 渠道阶段
   C. 基础设施阶段 　　　　　　　　　　D. 经济体阶段

3. 下面选项中属于电子商务的商务交易类应用的是（　　）。
   A. 网络零售 　　　　　　　　　　　　B. 网络游戏
   C. 网络支付 　　　　　　　　　　　　D. 旅行预订

4. 中国电子商务发展现状包括（　　），以及国际合作成果丰硕。
   A. 实现规模效益双丰收

B. 助力构建以国内大循环为主体,国内国际双循环相互促进的新发展格局

C. 数字经济与实体经济融合创新态势不断深化

D. 营商环境持续改善

5. 《"十四五"电子商务发展规划》指出,中国电子商务高质量发展包括(   )。

A. 协调发展   B. 绿色发展

C. 开放发展   D. 规范发展

三、简答题

1. 你理解的电子商务的含义是什么?

2. 常见的电子商务分类标准主要有哪些? 按照这些标准分类可以将电子商务分为哪些类型?

3. 简述你对电子商务主体框架的理解。

四、技能训练题

1. 请你用思维导图时间轴模式画出中国电子商务发展(1995—2022 年)的大事记,分析中国电子商务快速发展的技术因素和商业模式变革。

2. 请调研本地一到两家综合性商场,观察并分析该商场的电子商务应用有哪些? 写下自己的体验感受。

五、综合案例分析题

苏宁易购的电子商务变革之路

一、从专业零售到连锁零售

1990 年 12 月 26 日,位于江苏省南京市宁海路的中国第一家苏宁电器成立。1990—2000 年,苏宁专注于专业零售。在这十年间,苏宁从专营家电起家,期间成立了上百人的服务队,开创了中国空调自营服务先河;自建了第一代物流配送中心,开启自建物流序幕;并在业内首推售后服务连锁网络,自营服务成为创业初期苏宁重要的价值来源和强大的竞争优势。

1999 年,苏宁确定了全国连锁经营战略,开启第一次转型——从专业零售到连锁零售。从 1999 年第一家"综合电器零售店"登陆南京新街口商圈,到 2005 年进入武汉,苏宁率先完成全国一线重点城市布局,全国连锁基本框架成型,"买电器 上苏宁"逐渐成为苏宁当时最耀眼的标签。

二、从线下门店到 O2O 融合转型

2004 年上市以后，苏宁围绕传统家电连锁零售的商业模式，大力扶持与扩张实体店面，建立属于自己的品牌。2009 年，苏宁率先在行业内尝试实体店与互联网业务共举的战略。同年 8 月，苏宁易购平台开始上线试运营，公司开始探索互联网转型之路，2010 年，苏宁易购正式上线，全面开启线上线下的融合发展。电商平台的运行给苏宁带来了巨大的市场，苏宁实施"去电器化"战略，实现全品类扩展，致力于全品类经营、全渠道拓展，并成为全国首家全面推行线上线下同价策略的大型零售商，苏宁线上线下融合转型全面落地运行。2011 年，苏宁发布新十年规划，明确"科技苏宁 智慧服务"的战略目标。

三、从公司数字化转型到全场景智慧零售

2013 年，苏宁电器正式更名为苏宁云商，2013 年 2 月 20 日，苏宁电器发布公告称，未来中国的零售模式将是"店商 + 电商 + 零售服务商"，即"云商"模式，公司将中文名称变更为"苏宁云商集团股份有限公司"，全公司数字化转型成为苏宁的新策略。经过一系列努力，苏宁实现了门店端、PC 端、移动端、TV 端的全覆盖。平台商户持续增多，商品类目全面拓展，全品类经营形象逐步显现。

到了 2017 年，苏宁正式提出智慧零售战略，拉开智慧零售大开发战略帷幕。在随后几年里，苏宁致力于打造全场景的智慧零售生态圈，构筑线上线下融合的数字化服务网络，有效触达各场景用户。一二线市场围绕"大店"布局，核心商圈以苏宁易购广场和苏宁易购云店进行覆盖；社区商圈以家乐福作为发展重点，以"大卖场 + 精选店 + 社区生鲜店"为主的业态布局，完成线下消费场景全覆盖；在低线市场则推进苏宁易购零售云模式。同时，经过多年的积累，苏宁已完成了品类的拓展，从原有的家电 3C 向超市、百货、母婴、家居、生鲜、汽车等全品类扩张。苏宁通过全场景、全品类及全客群多维度以合纵连横的方式构建了一个全新的场景互联消费新生态，搭建出从线上到线下、从城市到乡村、从电器到快消的全域经营网络。

四、开启场景零售服务新征程

2020 年 7 月 27 日，在苏宁"8·18"三十周年庆云发布会上，苏宁将未来十年定义为"场景零售服务十年"，由"零售商"升级为"零售服务商"。同时，苏宁易购的品牌主张全新升级为"苏宁易购，专注好服务"。苏宁将其服务的用户从大众消费者延展到数以万计的中小微经济体。面对消费者，苏宁好服务体现在为用户提供全场景、矩阵式、体系化的服务；面对商户等合作伙伴，苏宁致力于为更多的中小零售商赋能，具体表现为供应链、物流、金融、场景、技术等核心能力的输出，开放赋能产业生态中的中小微经济体，满足用户及中小零售商的需求。在物流方面，苏宁推出"闪电乡镇"计划，针对

物流服务相对薄弱的四至六线城区、县城及所辖乡镇、农村地区,提供"24小时送装"服务。苏宁"零售服务商"的角色全面凸显,正在为中国制造和零售业的长足发展贡献自己的力量。

根据上述材料,查阅苏宁易购相关资料,回答以下问题:

1. 从电器专营店到零售服务商,苏宁几次重大变革的驱动力是什么?

2. 查阅资料,简要说明苏宁如何从"供应链、物流、金融、场景、技术"等核心能力输出方面为中小零售商赋能?

3. 结合本案例,谈一谈电子商务给社会和人们生活带来的影响和改变有哪些。

第 二 章

探究电子商务商业模式

学习目标

【素养目标】

- 通过对电子商务主要商业模式的学习,引导学生关注电子商务商业模式的变迁,培养学生独立思考、分析问题的能力
- 通过对电子商务商业模式发展的学习,引导学生关注中国电子商务发展,培养学生学以致用的社会责任感
- 通过对电子商务商业模式应用领域的学习,引导学生关注数字经济的最新动态,培养学生的创新精神

【知识目标】

- 了解电子商务主要商业模式的概念和分类
- 了解 O2O 模式的概念和应用领域
- 掌握电子商务主要商业模式的发展历程

【技能目标】

- 能够清晰分类电子商务主要平台对应的模式
- 能够分析电子商务主要商业模式的业务流程
- 能够分析 O2O 模式的应用趋势

内容概览

探究电子商务商业模式

- C2C模式：概念、发展历程和分类
  - C2C模式的概念和特点
  - C2C模式在中国的发展历程
  - C2C模式的分类

- B2C模式：概念、发展历程和分类
  - B2C模式的概念和特点
  - B2C模式在中国的发展历程
  - B2C模式的分类

- B2B模式：概念、发展历程和分类
  - B2B模式的概念和作用
  - B2B模式在中国的发展历程
  - B2B模式的分类

- O2O模式：概念、发展历程和应用领域
  - O2O模式的概念和特点
  - O2O模式在中国的发展历程
  - O2O模式的应用领域

学习计划

素养提升计划

知识学习计划

技能训练计划

新零售盛宴——"双 11"

"双 11"购物节由天猫(原淘宝商城)于 2009 年首创,现在已成为中国电子商务行业共同的盛典。除了天猫、京东、苏宁易购这些传统电商平台外,近年异军突起的拼多多、抖音、快手等社交平台也愈发注重这一商机。第三方数据平台星图数据统计显示,2022 年 10 月 31 日 20:00 至 11 月 11 日 0:00,2022 年"双 11"全网电商交易额超过 1.15 万亿元,与 2021 年"双 11"全网交易额 9 650 亿元相比,有超过 13% 的增长,其中综合电商销售额为 9 340 亿元,同比增长 2.9%,天猫占据份额仍为第一位。直播电商同比增长 146% 达到 1 814 亿元,占比接近 20%。

一、多品牌销售额保持增长

从公布的 2022 年"双 11"数据来看,阿里的交易分为三个时间段。第一阶段阿里平台有 102 个品牌交易额破亿元,在这 102 个品牌中,国货品牌占到一半以上。在第二阶段,淘宝平台的新主播直播间,观看人次同比增长了 561%。第三阶段淘宝平台有 148 个品类增长超过 100%。

天猫 2022 年"双 11"开售第一个小时,珀莱雅、薇诺娜、自然堂、花西子等品牌接连创下 1 小时成交额破亿元的成绩,海尔、美的、小天鹅、TCL 等家电品牌更是实现成交额 1 秒破亿元。

二、直播电商成为最大的赢家

星图数据统计显示,2022 年 10 月 31 日 20:00 至 11 月 11 日 0:00,直播电商销售额为 1 814 亿元,同比增长 146.1%,抖音、点淘、快手分别位列市场份额前三位。

抖音披露,10 月 31 日,开卖仅 1 小时,支付客单价相比去年同期增长了 217.1%。交易额超百万元的单品 376 个。截至 10 月 31 日 24 时,抖音商城交易额同比增长 629.9%。抖音电商内参与"双 11"活动的商家数量同比增长了 86%,7 667 个直播间销售额超过百万元。

天猫"双 11"期间,观看淘宝直播的用户累计超过 3 亿人次;参与体验互动产品拍立淘活动的用户超过 1 亿人次。截至 11 月 10 日 12:00,淘宝新主播的日均观看人次同比增长 561%。11 月 1 日当天,新主播预售引导成交同比增长近 684%,腰部主播预售引导成交同比增长 365%,直播机构预售引导成交同比增长 165%。

三、百万门店打通线上线下

2022年"双11"期间,线上线下打通的店铺超过百万家,涉及苏宁、银泰等国内外商家,其中,近20万家门店全面实现电子化运营。

四、新技术支撑电商发展

2022年"双11"打造了堪称全球最复杂的交易、支付、物流,其背后是强大的云计算平台、海量数据、智能算法的支撑。

案例思考

1. 参加"双11"的主要平台分别属于哪些电子商务模式?

2. 查阅资料,了解2022年"双11"各平台有哪些创新举措,并思考有哪些因素推动了这些创新举措的产生。

第一节　C2C 模式：概念、发展历程和分类

一、C2C 模式的概念和特点

C2C(Consumer to Consumer)模式是指个人与个人之间的电子商务，它是消费者之间的在线交易。这些交易既可以直接发生在消费者之间，也可以借助第三方平台来开展，或者通过社交平台进行交易活动。

C2C 模式来源于传统交易过程中的个体消费者之间的交易。在人类社会发展早期，个人与个人的交易是整个社会商业的主要组成部分，它包括以物易物等多种形式。现代商业发展起来以后，个人之间的交易依然占有一定的比例，消费者之间既可以交易全新商品，也可以交易二手商品，这种需求是长期存在的。部分个人交易者为扩大交易规模，上升为个体工商户等商业形态，以更好地开展交易。这些因素都体现在了 C2C 模式中。相对其他电子商务模式，C2C 模式具有如下特点：

（1）用户数量大但比较分散，且参与的用户往往身兼多种角色，可以是买方，也可以是卖方。

（2）买卖双方多数通过第三方交易平台开展交易，并由第三方平台提供交易担保、相关的技术支持及服务。

（3）C2C 模式交易频次多，但平均交易金额较低，成交总额占电子商务总交易额比重较小。

◈ 特色引领

C2C 共享租车模式分析

当今网络科技和创新意识的不断发展进步，为人们在衣食住行方面提供了越来越便捷的服务体验。近年来，共享经济理念也被越来越多的人所接受，共享租车行业正在逐渐改变着现代都市人们的生活观念。C2C 共享租车模式最大的优势是摆脱了沉重的车辆购置成本，利用私家车的闲置共享资源匹配租客，实现了轻量化、高速度的租车体验。

C2C 共享租车模式解决了共享模式中的主要两个核心问题：

1. C2C 共享模式中的信任问题

共享模式的参与双方为完全陌生的用户，因此，由平台提供的服务信任环境，直

第二章　探究电子商务商业模式

接决定参与方的参与意愿。如租车平台自建的风险控制体系,通过与交管所、中国银联和互联网征信系统进行数据对接,评估租客的信用,租客需要用信用卡提交租车押金;平台在车上安装智能盒子设备,对车辆进行实时监控,记录行车轨迹;建立专项资金池,在车辆发生丢失等情况下,提供补偿金。

2. C2C 共享模式中的匹配问题

共享模式的本质是聚集起资源方的闲散资源,形成边际效益,刺激服务需求,因此,服务双方的匹配性是保障资源利用效率和降低服务成本的关键。租车平台可以帮助车主与租客基于 LBS 定位找到合适的车型;租户可以与车主按照约定自主取车,同时,利用加装的电子模块,当车主无法与租客见面时,可以授权租户,利用 App 中的"打开车门"和"关门还车"在约定地点取还车,车主不需要全程参与。

二、C2C 模式在中国的发展历程

(一) C2C 模式起步阶段: 1999—2002 年

1999 年,中国第一家 C2C 电子商务网站——易趣网成立。2000 年 2 月,易趣网在全国首创 24 小时无间断热线服务,2000 年 3 月至 5 月,易趣网与新浪结成战略联盟,并于 2000 年 5 月并购 5291 手机直销网,开展网上手机销售,使该业务成为易趣网特色之一。2002 年,易趣网与全球最大的电子商务公司 eBay 结盟,易趣网迅速成为当时国内最大的 C2C 交易平台。

(二) C2C 模式快速发展期: 2003—2011 年

2003 年 5 月,阿里巴巴旗下淘宝网上线,不到两年时间,就在用户数和商品数方面超过了易趣,占据中国市场份额的 70%,创造了互联网的奇迹。到 2006 年 12 月,在淘宝上的成交额突破了 169 亿元,占据当时国内 C2C 电子商务交易平台的首位。到 2007 年上半年,总成交额突破 157 亿元,每天登录淘宝网购物的不重复访问者超过 600 万人。从 2003 年到 2011 年,在这一阶段,凭借着第三方支付平台、诚信体系的建立及灵活自由的购物模式,C2C 模式在我国快速发展,消费者开始逐步养成网上购物的习惯。

（三）C2C模式融合发展期：2012—2016年

2012年起，随着天猫、京东等B2C商业平台的崛起，C2C模式逐步走入了瓶颈期，以淘宝为代表的C2C平台市场交易份额有所下降。为了实现自己的长远发展，许多C2C模式的卖家逐步建立自己的信誉与品牌，完善自己的商品以及服务品质，开始向B2C模式转变，寻求找到更大的发展空间。消费者也从单纯地追求物美价廉动机转向了寻求信誉与质量的双重保障的动机。C2C模式开始逐步向B2C转化，并逐步形成B2C模式与C2C模式融合发展的形式。

（四）C2C模式创新发展期：2017年至今

2017年起，随着第三方服务的完善和社交平台的快速崛起，任何能够实现信息互通的平台都能成为C2C交易的潜在渠道，C2C交易的内容也不再局限于日常生活用品，智力产品（如各类设计稿件、文字服务、咨询等）、住宿服务、虚拟产品（如照片、音乐、视频等）、个人服务（如跑腿、代办等）乃至资金都能成为C2C交易的内容。很多C2C平台开始尝试创新发展。例如，淘宝平台推出直播频道，开始快速推进内容电商市场；C2C二手交易平台闲鱼，从C2C模式转向C2X（X代表一种多元化的交易路径）模式调整，多元的闲置交易路径逐步形成。构建更完善的信用体系，更好地提升用户体验，不断增加用户留存和转化，从而使得C2C交易更透明、更严谨、更规范，这些是C2C平台不断创新和发展的驱动力。

◇ 行业亮点

淘宝网修改评价规范：不得以物质或金钱承诺引导买家"好评"

2021年12月28日，淘宝网正式实施《淘宝网评价规范》，对"好评返现"等现象进行规范，对于违规卖家和违规买家，淘宝网将可能采取下架商品、删除商品或限制买家行为等措施进行惩罚。

据变更后的《淘宝网评价规范》显示，在卖家行为要求中，淘宝网强调，不得自行或通过第三方要求买家只写好评、修改评价、追加评价等；不得以物质或金钱承诺为条件鼓励、引导买家进行"好评"，包括但不限于全五星返现、好评返现、好评免单、好评返红包等；不得通过诱导买家、虚假交易等不正当方式获取不真实的评价。在买家方面，淘宝网要求，不得以给予中评、差评、负面评论内容等方式谋取额外财物或其他不当利益；也不得大量发布无实际意义的信息、与实际不符的信息。

《淘宝评价规范》的更新，反映了电商平台、从业者希望规范电商业务行为的良好愿望和实际行动。

三、C2C 模式的分类

C2C 模式由于其交易的内容和类型多样性、交易者分布范围广、交易形式灵活,所以通常可以按交易覆盖的区域、交易的商品类型、交易形式和交易商品的新旧程度进行分类。

(一) 按交易覆盖的区域分类

C2C 模式的用户所处的区域跨度非常广泛,交易双方既可以在同一个国家、地区内,也可以跨越多个国家地区。因此,按交易覆盖的区域分类,C2C 模式可以分为跨境 C2C 和非跨境 C2C。

1. 跨境 C2C

此类模式的交易双方来自不同国家,通过网上平台开展 C2C 交易,如果交易品为实物形态,需要通过国际物流进行货物交付,通常交易流程较长,且由于语言沟通、支付、物流等因素,较容易产生交易纠纷。如早期的速卖通平台,参与交易的双方都为个人,是典型的 C2C 跨境模式。

2. 非跨境 C2C

此类模式是 C2C 模式最主要的形式,大多数参与网上交易的买卖双方都来自同一个国家地区,通过 C2C 平台实现网络交易。典型代表有淘宝、eBay 等。

(二) 按交易的商品类型分类

C2C 模式按交易的商品类型来分,可以分为实物交易型 C2C 和非实物交易型 C2C。

1. 实物交易型 C2C

这一类 C2C 模式交易的商品是实物形态,需要通过物流等方式把商品从卖家交付给买家,这也是 C2C 模式中的主要形态。典型代表有淘宝网等。

2. 非实物交易型 C2C

此类型 C2C 模式交易的是非实物类的智力产品、服务等。非实物交易型 C2C 不需要通过传统物流交付商品或服务,所有交易流程都能在网络上完成,属于完全电子商务。

非实物交易品的一个大类是个人智力产品,包含设计稿、方案、建议、知识等。例如,威客网就是常见的智力产品交易平台。威客是指通过互联网把自己的智慧、知识、能力、经验转换成实际收益的人。威客网一般可以分为几种类型,一种是知道型、知识问答型

电子商务基础与应用

威客网,如百度知道;另一种是悬赏型威客网,如猪八戒网;还有点对点型威客网,如时间财富网。

非实物交易型 C2C 还可以交易软件、个人服务等内容,可以交易的内容非常广泛,但往往也存在较多的法律风险,因为交易双方的陌生人属性,一旦发生交易纠纷,会带来取证难等一系列问题。

(三) 按交易形式分类

按交易的形式来分,C2C 模式可以分为拍卖型 C2C 和店铺交易型 C2C。

1. 拍卖型 C2C

在拍卖型 C2C 模式中,交易双方一般通过第三方平台开展拍卖交易,卖家在拍卖平台上为商品设立竞拍价格,买家可以议价,可以竞拍,按照竞拍规则开展竞拍流程。此类交易的最终成交价不固定,竞拍参与人多,成交价通常高,但也存在交易失败的可能。

2. 店铺交易型 C2C

在店铺交易型 C2C 模式中,第三方 C2C 交易平台为方便个人开展交易,允许个人或小企业主在平台上开设虚拟店铺,并将商品和服务陈列在店铺内,买家进入店铺进行选购,下单后支付,达成交易。在交易过程中,第三方平台以会员制等方式收取服务费用,也可以通过广告或其他流量服务等收取费用。

(四) 按交易商品的新旧程度分类

按照交易商品的新旧程度,C2C 模式可以分为新品 C2C 和二手商品 C2C。

1. 新品 C2C

在这种模式中,卖家销售的是全新商品,卖家的身份更接近个体工商户的角色,一般依托第三方平台或社交平台开展全新商品的销售。

2. 二手商品 C2C

在这种模式中,交易的商品为已经使用过的二手商品,这也是 C2C 模式开展初期的主要服务领域,如闲鱼等平台,都是以开展二手商品交易为主。

◈ **视野拓展**

C2C 模式下二手交易的保障

互联网二手交易市场中,如何保障二手电商的买卖双方对产品质量和交易的信任是一大难题。如何解决这一难题呢?对于综合品类的交易平台来说,如 C2C 模式下的闲鱼,由于大多数交易商品价值一般,专业性要求也不高,中介能发挥的作用有限,只要能形成规模,产生高频的平台交易,即可做大做强。对于高价值、高复杂程度商品的垂直类平台而言,如经营二手车、二手奢侈品、二手数码产品等平台,引入专业中介的 C2B2C 模式相对来说能够使交易效率更高,也更务实。这类平台的交易规模很大程度上取决于平台对资产的调动和自身管理能力。

第二节 B2C 模式:概念、发展历程和分类

一、B2C 模式的概念和特点

(一) B2C 模式和网络零售的概念

在传统商业中,零售业占有非常重要的地位,一般由生产商或零售商来承担零售业务,其中,零售商是实施零售的重要角色,它介于制造商和客户之间,承担着批发和零售的功能。传统零售业向电子商务转型后就成为网络零售,它是指交易双方以互联网为媒介开展商品零售交易活动,通过互联网进行信息组织和传递,实现了有形商品和无形商品所有权的转移。从范围上来讲,网络零售包含 B2C 模式和 C2C 模式。

B2C(Business to Customer)模式是指企业对消费者的电子商务模式。按照传统商业中承担零售业务角色的不同,B2C 模式有狭义和广义的区分,狭义的 B2C 模式是网络零售商 B2C 模式,是指渠道企业、销售中间商借助网络的形式向消费者销售产品的商业模式,如天猫、京东等第三方平台。在狭义概念中,B2C 模式不包括生产商自建平台开展销售的情况,如小米商城。广义 B2C 模式既包含渠道商的第三方平台,也包含生产企业自建平台。

(二) B2C 模式的特点

相比其他电子商务模式,B2C 模式具有以下特点:

1. 生活化

B2C 模式是人们传统购物的网络实现,已经融入人们生活的方方面面,成为人们购物的重要形式之一。

2. 种类多样

B2C 模式为消费者提供了多种多样的商品和服务,包括服饰、护肤品、家电等实体商品及充值等虚拟信息服务。

3. 体系完善

目前,我国 B2C 模式已形成完善的交易体系,包括物流体系、支付体系、服务体系等。

✦ 特色引领

品质年货、冰雪经济、绿色消费成为"网上年货节"新亮点

根据商务大数据对重点电商平台监测数据显示,"2022 全国网上年货节"期间(2022 年 1 月 10 日至 2 月 7 日),品质年货、冰雪经济、绿色消费备受消费者关注,成为当年"网上年货节"的新亮点。

数据显示,品质年货成为消费热点,传统年货依旧深受欢迎。巧克力、坚果、茶叶和酒类等礼盒销售额同比分别增长 66%、41.4%、23.2% 和 22.7%。以老字号品牌为代表的生产企业加快拓展 B2C 线上渠道,成为年货节的主角。地方特色手工艺品销售额同比增长 26.7%;家具销售额同比增长 17.3%。

冰雪经济乘势而起,北京冬奥会商品和冰雪装备销售旺盛,北京冬奥会特许纪念商品销售额同比增长 21.2 倍;滑雪装备和滑雪服销售额同比分别增长 62.9% 和 61.2%。天猫数据显示,除夕至正月初四,B2C 天猫平台滑雪装备同比上年同期增长超 180%,冰上运动相关品类增长更是超过 300%。"冰雪主题游"人气高涨。年货节期间,网上滑雪门票销售额同比增长 102.1%。绿色消费成为首选,有机蔬菜、有机牛奶、有机大米销售额同比分别增长 335.6%、78.9% 和 24.2%,电子礼花销售额同比增长 1.4 倍。在线餐饮销售额同比增长 28.5%。

我国消费市场呈现诸多新亮点新风尚,彰显出以 B2C 为代表的网购市场巨大潜力。

二、B2C 模式在中国的发展历程

B2C 模式作为网络购物的最主要组成部分,其在中国的发展也经历了内容、形式的转变和发展。

（一）B2C模式起步阶段（20世纪末至2007年）

国内最早一批B2C电子商务网站出现于20世纪末,1999年8月易趣网在上海成立,标志着中国当代电子商务的正式起步。随后8848、当当网等一批B2C电子商务网站先后涌现出来。由于当时电子商务整体配套体系还不完善,消费者对电子商务的理解还不够深入,因此线下商城的网络版——B2C电子商务成为最早试水电子商务的主要形态。第一代B2C电子商务所销售的商品主要是图书、音像制品和软件,此类商品属于标准化规格化产品,价格统一且较低,包装配送也方便,符合当时的电子商务发展需求。2001—2002年的全球互联网泡沫破裂也给中国电子商务带来了巨大冲击,很多B2C电子商务网站在冲击中倒闭,但也为后期B2C模式的发展奠定了基础,并确定了第三方物流和第三方支付对电子商务发展的重要性。

（二）B2C模式高速发展期（2008—2018年）

2008年由美国次贷危机导致的全球金融危机给全世界经济带来了巨大冲击,全球贸易紧缩,经营成本大幅上升。为开拓新的销售渠道,化解经营危机,众多国内贸易企业和传统生产企业纷纷加入电商领域,以自建平台或入驻第三方平台的方式面向消费者开展B2C电子商务,我国B2C模式迎来了高速发展时期。在这一时期,电子商务发展的两个重要配套设施——物流和支付已经成熟,消费者对电子商务也已经接受并认可,因此,B2C模式在此后的多年间得到了快速发展。至2015年,我国B2C电子商务的销售额正式超越C2C电子商务,成为网络零售的中流砥柱。此后,B2C模式与C2C模式的销售额差距继续拉大,每年的"6·18""双11"电商大促,都以B2C模式为主导,带动中国网络零售业持续高速发展,B2C模式也从服务日用品销售转向服务农村、海外等更广阔的领域。

（三）B2C模式的新发展期（2019年以后）

2019年后,移动通信技术已进入5G时代,数据传输速率已完全满足高清视频实时传输的需求,视频直播等技术也已成熟。2020年,直播电商一跃成为热门销售方式。直播是流量的入口,背后真正承载网络零售的还是B2C平台,但呈现出了新的表现形式和引流模式。在这些变化中,技术的发展推动了商业模式的不断变迁,电子商务领域受信息技术发展直接影响,每一次商业模式的变革都有实实在在的技术因素在起作用。借由直播等技术的应用,B2C模式进一步成为消费者网络购物的主要渠道之一。

◈ 行业亮点

中国农民丰收节金秋消费季启动，农产品搭上电商快车

2022年9月23日是第五个中国农民丰收节。9月13日，中国农民丰收节金秋消费季正式启动，开展多领域、多层次、多元化的产销对接和促消费活动，引导社会和市场力量参与，发展节日经济，促进农民增收。

作为农产品上行的重要平台之一，淘宝天猫围绕丰产丰收，拿出了一份涵盖10件实事的惠农助农清单。首先开启了"丰收购物节"，通过多种途径促进农产品消费。9月19日至9月23日，淘宝天猫联合商家发放5000万张消费券，"丰收购物节"期间带动60万款农产品销售。

淘宝天猫还借助多种手段为老乡"带货"。如聚划算在丰收节期间，平台直播间与商家直播间"双管齐下"，助时令新品破圈；社区电商平台淘菜菜发动了100万名"团长"共同带货，让更多农产品通过淘菜菜这样的"家门口的生活超市"走进千家万户，促进农产品销售转化。

其次是借助供应链能力，为农产品上行保驾护航。天猫超市、淘特将启动产地直采计划，大闸蟹、软籽石榴、红心猕猴桃等时令尖货从五湖四海运达消费者餐桌。天猫超市还借助其仓储配送能力，确保全国100多个城市、1200多个区县实现配送当日达、次日达。淘宝天猫还将充分发挥供应链能力和农产品仓配冷链资源，确保农产品上行、"菜篮子"稳产保供，尤其是受新型冠状病毒感染疫情、旱情影响地区，将获得优先保障。

此外，淘宝天猫还围绕丰产丰收，强化对农民、乡村人才的技术支持。9月，淘宝教育组织了30场电商、直播相关培训，覆盖近30个区县的乡村人才。淘宝现代农业联合千余品牌商家，提供十万余款高性价比农资畜牧类产品，并联合百大品牌和国内权威科研院校，在线为农户传授新农技、新经验。

淘宝天猫此次的"丰收节实事清单"也关注了农业与农村的长远、可持续发展。例如，阿里巴巴数字农业技术创新中心围绕丰产丰收，联合合作伙伴研发创新农产品、加快农业技术成果转化和商业化，该项目优先在西部地区发力。再如，在带动销售的同时，淘宝天猫还致力于提升农产品企业的品牌影响力。2022年，淘宝天猫共扶持1000多家农产品企业，帮助土货变成"牌子货"，提升农产品的品牌价值。党的二十大报告提出："发展乡村特色产业，拓宽农民增收致富渠道。"农产品搭上电商快车，对于农产品出村进城，拉动乡村经济，带动乡村产业来说，起到了较大的带动作用。

051　　　　　　　　　　　　　　　　　　第二章　探究电子商务商业模式

三、B2C 模式的分类

B2C 模式可以按照买卖地位、运营主体及经营范围等进行分类。

(一) 按买卖地位分类

按企业所处的买卖地位来分,B2C 模式可以分为卖方市场 B2C 和买方市场 B2C。

1. 卖方市场 B2C

卖方市场 B2C 指由企业商家生产准备商品和服务供消费者选用,个人消费者可登录企业电商平台或第三方平台进行下单购买,是最为常见的一种 B2C 电子商务。典型代表有京东商城、当当网等。

2. 买方市场 B2C

买方市场 B2C 是企业通过网络平台向个人求购商品或服务的一种电子商务模式。典型代表如用于企业人才招聘的智联招聘、前程无忧等。

(二) 按运营主体分类

按照 B2C 电商网站的运营主体分类,B2C 模式可以分为生产企业自营型 B2C、零售商直销型 B2C 和第三方 B2C 平台。

1. 生产企业自营型 B2C

为适应互联网发展带来的商业机会,很多面向终端消费者的生产企业自行建设 B2C 平台,开展网络零售。作为生产企业,其有一整套的线下销售渠道,覆盖自营和销售商网络。当企业开展 B2C 业务后,面对的最大问题是线上与线下的比价问题。由于线下渠道经营成本高于线上渠道,商品售价也高于线上渠道。消费者会拿着同一款商品比较线下线上渠道的价格差异,并选择相对价格较低的线上渠道下单。比价问题很容易挫伤线下渠道的经营热情,冲击传统销售渠道的经营。

为应对消费者比价,生产企业可以从企业战略管理层面去协调线下渠道与线上渠道的利益,实行差异化销售,如商品差异化策略,传统渠道销售地区特色产品或新品,线上渠道销售过季商品和通用款;或实行价格差异化策略,线下渠道主打中高端商品,线上渠道主打中低端商品。

生产企业通过线上与线下渠道协同,使线上产品也可通过线下渠道完善售后服务,将线上渠道的产品展示功能和线下渠道的产品试用功能相结合,为消费者了解企业和产品提供更为全面的平台。典型代表有华为商城、联想商城等。

2. 零售商直销型 B2C

此种模式是传统零售商自行建设网站,拓宽线上销售渠道。传统零售商作为零售业的重要组成部分,拥有完善的线下销售渠道,也是众多生产企业的销售代理商,开展线上销售是这类企业拓展业务,向"数字经济与实体经济结合"多渠道零售商迈进的一项重要举措。通过实体店铺和网络店铺的同步运营,零售商一方面拓宽了业务,另一方面为消费者提供了更全面的购物途径,提升了购物体验。典型代表有苏宁易购等。

3. 第三方 B2C 平台

第三方 B2C 平台没有实体销售渠道,仅通过互联网向消费者销售商品或服务,所售商品大部分来源于购销,或者允许生产企业、传统经销商等入驻平台,在平台上以网络店铺的形式开展销售。第三方 B2C 平台的技术服务能力较强,通常为电子商务业务配备了完善的物流、支付等服务功能,并通过店铺销售抽成、广告费用、会员服务或其他间接服务获取收益。目前,我国 B2C 模式以第三方 B2C 平台为主,典型代表有天猫和京东等。

(三)按经营范围分类

按 B2C 电商网站的经营范围分类,B2C 模式可以分为综合型 B2C 和垂直型 B2C。

1. 综合型 B2C

综合型 B2C 电商网站的经营范围覆盖日常消费品的众多类目,每个类目下又有众多品牌可供消费者选择,消费者在一个平台上就能满足绝大多数购物需求。综合型 B2C 通常实力雄厚,以第三方 B2C 平台为主,同时也包含一部分零售商直销型 B2C 平台,是我国 B2C 模式主要载体。典型代表有京东、唯品会等。

2. 垂直型 B2C

垂直型 B2C 电商网站是指在某一个销售领域进行深耕,专注于该领域的商品销售和相关服务,并致力于成长为该领域最优秀的电商网站。由于垂直型 B2C 专注于一个领域,因此能够更好地与品牌生产商沟通与合作,丰富产品线和产品系列,并提供专注化的电商服务,是电商领域做优做精的重要模式。典型代表如聚美优品,是一家专注于化妆品的垂直型 B2C 平台。

◈ **视野拓展**

B2C 电商运营关键——品类构建

根据对平台的贡献,电商商品可分为流量品类、盈利品类和发展品类。如图 2-1 所示。

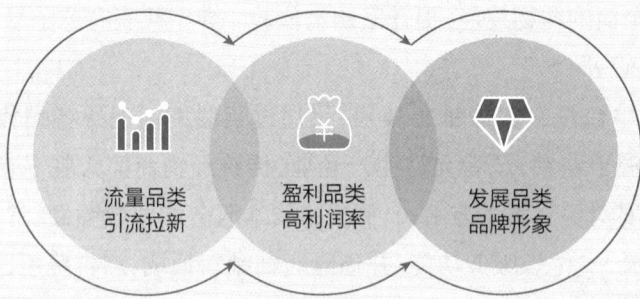

图 2-1　品类分类

流量品类是为平台带来流量的品类,也就是吸引用户前来购买的品类。这种品类的商品通常是一些高曝光率的商品,比如一些爆款或者知名度高的商品,既可以为电商平台带来巨大的流量和销售,也可以促进其他品类商品的销售。

盈利品类是指具有较高利润率的商品,在为电商平台贡献巨大销售额的同时能产生高额利润。该品类商品往往具有较高的购买频率,毛利率要高于流量品类商品,是流量品类的重要补充,该品类的销售往往由流量品类来推动。

发展品类是指当前销售和利润都不太高,但是具有较好市场前景且发展迅速的品类。该品类往往关系到电商平台的品牌形象,是电商平台想要持续投入资源发展的商品,该品类也需依靠已有的客流量来推动销售。

以部分电商平台的经营策略为例,京东为什么要经营图书?这是因为 3C 电子类商品的消费频率较低,为了提高消费者的消费频率,需要图书这种高频低价的商品来增强用户黏性。对于京东而言,图书就是它的流量品类,而 3C 产品就是盈利品类。对于团购网站而言,电影票就是它们的流量品类,负责拉新,继而为其他品类进行导流。

第三节 B2B 模式：概念、发展历程和分类

一、B2B 模式的概念和作用

（一）B2B模式的概念

B2B（Business to Business）模式是指企业与企业之间通过互联网进行数据信息的传递、交换，开展商品交易及服务活动的商业模式。B2B 模式在促进实体经济与数字经济融合发展的同时，对传统中小企业转型升级和实体经济创新发展也起到了助推作用。

♦ 探索驱动

中国第一笔 B2B 交易

1998 年 4 月 7 日，北京海星凯卓计算机公司和陕西华星进出口有限责任公司利用中国商品交易中心电子商务系统进行了一单电子交易，这是中国第一笔通过电子商务方式完成的订单，也我国第一笔真正意义上的 B2B 交易，中国在成为世界电子商务大国的道路上迈出了第一步。

（二）B2B模式的作用

企业间的商品交易流程，涉及从原材料的采购，中间品及产成品的生产，商品的仓储、销售，到产品最终由物流系统配送至终端客户等各个环节，参与者包括供应商、制造商、分销商、零售商和终端客户。通过将信息流、物流、资金流逐步线上化，可以实现交易活动的降本增效、交易商品的提质减存，具体作用体现在以下几个方面：

（1）可以实现采购自动化，减少企业在常规交易中投入的人力、财力和物力等方面的成本。

（2）缩短货物流通和货物周转的时间，商家通过平台直接交易，免除中间的其他沟通环节。

（3）具有高效的数据统计功能，能够快速地计算出销售量，为备货数量提供依据，避免常规交易中销售量无法准确指导备货的情况，降低库存压力。

（4）对于外贸企业来说，更有利于自己品牌的推广，减少推广支出，第三方的质检报告更可以降低交易风险。

二、B2B 模式在中国的发展历程

中国 B2B 电子商务从诞生到现在,在探索中曲折发展,通过区分比较不同阶段 B2B 企业的商业模式和盈利特征等,可以将 B2B 电子商务的发展分为信息服务、撮合交易、融合生态和未来发展四个阶段。

◆ **网络探索**

通过网络查阅资料,查找主流 B2B 平台的上线时间,并分析其上线背景和发展历程。

(一) B2B 1.0:信息服务阶段

1995 年通常被认为是中国互联网商业应用元年。这一年,网景公司开发了基于 Web 应用的安全协议 SSL(Secure Sockets Layer,安全套接层),真正让在线交易变得更加安全。随后,中国商品交易中心、中国化工网、慧聪网、环球资源网等平台相继产生,标志着 B2B 1.0 时代的到来。

✤ **探索驱动**

中国商品交易中心:揭开中国 B2B 电子商务的序幕

1997 年 2 月,伴随着国家经贸委发布《关于组建中国商品交易中心并进行试点的通知》,国内第一家从事 B2B 电子商务的企业——中国商品交易中心成立。1997 年 10 月,中国商品交易中心网站(CCEC)宣告上线。1998 年 4 月,CCEC 网站上进行了我国第一笔真正意义上的 B2B 交易,北京海星凯卓计算机公司和陕西华星进出口有限责任公司签订了 166 万元的计算机买卖合同。1998 年 10 月,国家经贸委和信息产业部共同决定正式启动以流通领域电子化为主要内容的金贸工程,并确定 CCEC 为金贸工程的试点和规范实施单位。

(二) B2B 2.0:撮合交易阶段

在 B2B 1.0 时代,B2B 平台提供的服务主要是信息展示,交易双方在线上获取相关信息后,还要再转至线下进行业务交易,B2B 平台在交易这一关键节点上发挥的作用还不多。当交易双方对供应信息和需求信息的有效性存疑时,双方企业就没有信心在 B2B 平台上进行交易,信任问题成为当时企业最大的痛点。

为解决买卖双方企业间的信任问题,B2B 平台开始逐渐介入交易流程,基于信息的充分发布和第三方征信为交易双方建立信任感,企业逐渐将贸易移至线上,通过平台来进行货物的交收和资金的收付,由此 B2B 进入 2.0 时代。

◈ 特色引领

中国化工网

由网盛科技创建并运营的中国化工网是国内第一家专业化工网站,也是目前国内客户量最大、数据最丰富、访问量最高的化工网站。

在成立初期,该网站首先做了信息发布与免费撮合服务。作为交易平台,中国化工网汇集买家和卖家,让双方在平台实现信息共享。接着经过升级改版,全面推出全球化工门户平台,该平台集信息提供、专业搜索引擎和 B2B 交易系统于一体,定位于向全球化工企业提供专业信息和电子商务服务,并开始市场化运作。现在的中国化工网建有国内最大的化工专业数据库,内含 40 多个国家和地区的 2 万多个化工站点,含 25 000 多家化工企业,20 多万条化工产品记录;建有包含行业内上百位权威专家的专家数据库;每天新闻资讯更新量上千条,日访问量突破百万人次,是行业人士进行网络贸易、技术研发的首选平台。

(三) B2B 3.0:融合生态阶段

自 2015 年起,中国 B2B 电子商务平台开始向综合性、多样性的服务进行延伸。B2B 企业可以为买家匹配合适的商品,并提供合适的融资服务,无须再通过其他的金融平台进行融资;同时,也可以为卖家提供仓储平台和合适的物流方式,物流企业可以直接去 B2B 平台提供的仓储平台提货,将货物直接运送到买方仓库,卖方甚至无须参与货物的运输和转移过程。相对于 B2B2.0 时代的企业将信息流和资金流进行融合,该阶段进一步将物流纳入其中,实现"三流"(信息流、资金流、物流)融合,B2B3.0 时代正式到来。

布局全产业链的中农网

产业互联网是基于互联网技术和生态,对各个垂直产业的产业链和内部的价值链进行重塑和改造,从而形成的互联网生态和形态。产业互联网是一种新的经济形态,利用信息技术与互联网平台,充分发挥互联网在生产要素配置中的优化和集成作用,实现互联网与传统产业深度融合,将互联网的创新应用成果深化于国家经济、科技、军事、民生等各项经济社会领域中,最终提升国家的生产力。

B2B3.0 时代是产业互联网的时代,需要供应链条的各个环节提供深度价值服务,提升全链条服务效率,降低成本。同时,B2B 平台还进一步打通供应链,为采购双方提供包括仓储、供应链金融在内的一系列服务。

农产品大宗交易平台中农网(见图 2-2)创建于 2010 年,成立之初主要是立足于我国第一和第二大食糖主产区,使得食糖购销全面进入电商时代,网上下单、就近提货,足不出户就能完成所有购销业务,实现了 90% 以上行业用户覆盖,现货流转量占全国总量 30%,发挥着行业资源配置中心及定价风向标的作用。

图 2-2 中农网

中农网在食糖板块的战略定位上做出了重大调整:由"食糖 B2B 电子商务"升级为"食糖产业链垂直电商",重构上中下游的关系,向产业链的两头延伸。向上游建立涉农平台、溯源平台,帮助生产、加工企业构建链接农户、合作社的供应链体系,以相关的金融工具帮助农户、合作社与加工企业构建稳定的交易关系;向下游建立分销平台,投资"好伙计"项目,针对大型食品厂、专业连锁门店、高端餐饮等高净值客户,打造辐射多城市的智能采配平台。

中农网一路从提供信息到搭建交易平台,再到搭建线下供应链,直至提供供应链金融服务,始终致力于生态体系建设,是 B2B3.0 时代企业发展的典型代表。

（四）B2B 4.0：未来发展阶段

随着区块链、物联网、大数据与人工智能等新一代信息技术浪潮的不断出现，未来的B2B形态应该是开放的共享平台，基于大众所认同的底层技术建立共识信任机制，众多类型的专业化交易、服务机构共同提供服务，输入真实而准确的数据，并由多方采信，由此实现互联互通、高效协同。

企业内外的信息连通到物联网助力企业实现智能制造，是未来产业经济的必经之路。B2B平台可以凭借自身的服务特性，成为这个过程中的助推器；结合新技术为企业提供服务，搭建工业互联网与工业物联网，最终实现产业经济的全面数字化与智能化，实现高度智能的B2B4.0。

✤ 特色引领

智慧物流电子商务平台

中储南京智慧物流科技有限公司（简称"中储智运"）是一家提供数字物流基础设施及服务，提供智能供应链解决方案的科技企业，通过物流运力交易平台实现物流需求方、供给方之间的智能精准匹配与线上物流交易，通过网络货运平台实现物流全程的高效运作与管理。在此基础上，中储智运依托其掌握的物流核心数据，利用区块链技术，构建聚合供应链上下游企业商品贸易、物流、支付结算、融资等各类数据元的一体化智能供应链公共服务平台，形成第三方可信数据元，实现供应链上下游各环节的高效流通与闭环管理，全面提升社会供应链运作效率。

中储智运平台初期的目标市场主要为整车运输，整车运输面向的业务更多为企业间物流，属于B2B商业模式；同时可集约部分零担运输（3吨以上），零担运输面向的业务更多为末端消费，属于B2C商业模式。现阶段，中储智运平台的商业模式基于现有的商品交易B2B电子商务模式进行升级，通过BwB电子商务模式（Business with Business，同一商业生态圈内的上下游企业通过信息共享为彼此提供交互式服务）实现物流服务的交易与共享，目的是打造集物流服务、交易、结算、物流大数据分析的物流闭环生态圈，旨在通过实现中国物流的"互联网＋"模式，将中储智运打造成为中国现代物流与电子商务融合发展的引领者和中国电子商务物流模式的先行者。

三、B2B 模式的分类

B2B 模式可以根据服务领域和服务内容进行分类。

(一)按照服务领域分类

按服务领域来分,B2B 模式可以分为面向中间交易市场的综合 B2B 和面向行业细分领域的垂直 B2B。

综合 B2B 既不拥有产品,也不是经营商品的商家,它只提供一个 B2B 交易平台,采购方可以在其网站上查到供应方及商品的有关信息。垂直 B2B 则聚焦于某一具体的细分领域,与上游供应商形成供货关系,与下游采购商形成销货关系。综合 B2B 与垂直 B2B 的模式、特点和典型代表如表 2-1 所示。

表 2-1　综合 B2B 与垂直 B2B 模式和特点

类别	模式	特点	典型代表
综合 B2B	提供跨行业和跨品类的交易,它只提供平台,将供应商和采购商汇集起来。采购商可以在平台查到供应商的商品及有关信息	产品资源信息丰富,可以实现一站式采购	阿里巴巴、慧聪网、一呼百应、马可波罗、中国制造网、环球资源网
垂直 B2B	专注于某一具体行业,分为上游和下游两个方向。与上游供应商形成供货关系,与下游采购商形成销货关系	盈利模式灵活,促进交易方法更加直观便利	科通芯城、中国化工网、找钢网

≢ 探索驱动

阿里巴巴——全球 B2B 电商领先企业

阿里巴巴集团创立于 1999 年,创立初期的定位是为我国制造商和各国企业搭建交易的桥梁,2016 年,阿里巴巴的综合 B2B 业务成为全球最大的市场。阿里巴巴以内贸开始,旗下拥有阿里巴巴国际站和 1688 网站,其中阿里巴巴国际站面向国际批发市场,1688 面向国内批发市场。阿里巴巴 B2B 平台的运营定位如图 2-3 所示。

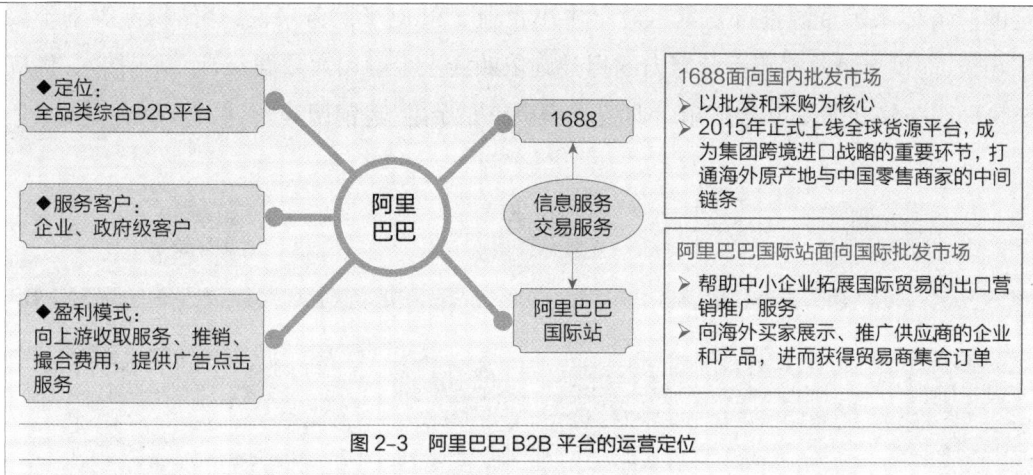

图 2-3　阿里巴巴 B2B 平台的运营定位

（二）按照服务内容分类

按服务内容来分，B2B 模式可以分为信息服务模式、在线交易模式、供应链协同服务模式和应用软件服务模式。

1. 信息服务模式

信息服务模式是指 B2B 平台通过信息连接供需双方，为其提供交易机会。目前，信息服务 B2B 电子商务的优势在慢慢消失，其他新兴的电子商务形式快速分割了大部分市场，大部分信息服务 B2B 平台都已从单纯提供供需信息转型介入交易。典型代表有我的钢铁网、环球资源网等。

2. 在线交易模式

在线交易模式是指企业通过平台在线上完成下单、付款、发货、收货、评价等环节，实现交易闭环。在线交易主要包括即时到账和担保交易两种方式。在即时到账方式下，买家付款卖家即发货，或卖家发货买家即付款，不存在账期压力，但交易安全缺乏保障。在担保交易方式下，买家将款项付给第三方，待买家确认收货之后，第三方将款项转给卖家。这种交易方式比较安全，但是存在账期较长的问题，上下游企业仍然面临资金压力。这种模式的特点是能够为买卖双方节省成本，在线交易可以追踪数据，形成闭环。典型代表有中国供应商、浙江塑料城网上交易市场等。

3. 供应链协同服务模式

供应链协同服务模式有助于中小企业实现线上线下协同发展。广义的供应链包括采购、生产、库存、销售和售后交付等环节及相关的协同服务，涉及供应链金融服务、供应链物流服务和供应链大数据服务三个环节。其优势在于对成熟的供应商、客户关系及健全的服务体系等资源进行积累。对于中小企业 B2B 电子商务来说，仓储物流等基于线下场景，而供应链效率和运营能力的提升则依赖线上金融和大数据、云计算等技术，供应链协同服务模式如图 2-4 所示。典型代表有京东金融、运钢网等。

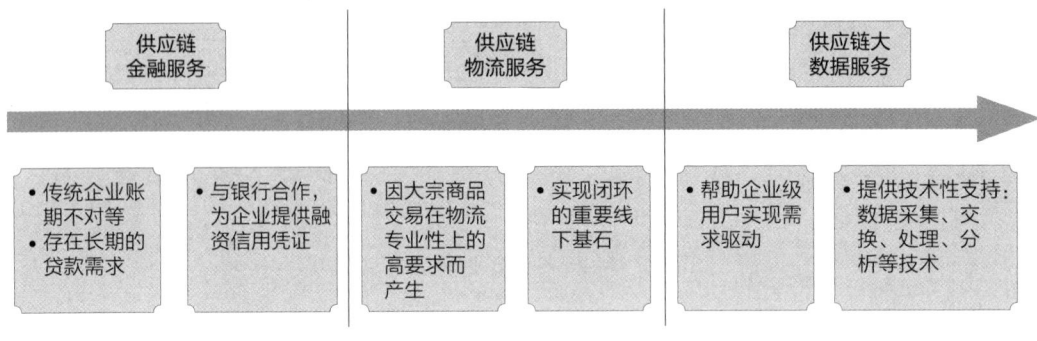

供应链 金融服务	供应链 物流服务	供应链大 数据服务
• 传统企业账期不对等 • 存在长期的贷款需求 / • 与银行合作，为企业提供融资信用凭证	• 因大宗商品交易在物流专业性上的高要求而产生 / • 实现闭环的重要线下基石	• 帮助企业级用户实现需求驱动 / • 提供技术性支持：数据采集、交换、处理、分析等技术

图 2-4　供应链协同服务模式

4. 应用软件服务模式

应用软件服务模式包括通用 SaaS 模式和垂直 SaaS 模式[①]，其中通用 SaaS 模式解决了企业在人力、销售、财务等不同功能上的痛点，而垂直 SaaS 模式帮助垂直行业提升效率。典型代表有千米网、第一商务等。

◈ **视野拓展**

传统产业数字化转型的主要趋向

当前，数字化浪潮方兴未艾，以大数据、云计算、人工智能为代表的新一代数字技术日新月异，催生了数字经济这一新的经济发展形态。对于传统产业而言，数字化转型是利用数字技术进行全方位、多角度、全链条的改造过程。通过深化数字技术在生产、运营、管理和营销等诸多环节的应用，实现企业及产业层面的数字化、网络化和智能化发展，不断释放数字技术对经济发展的放大、叠加、倍增作用，是传统

---

① SaaS 是 Soft-ware as a service 的缩写名称，意思为软件即服务，即通过网络提供软件服务。SaaS 平台供应商将应用软件统一部署在自己的服务器上，客户可以根据工作实际需求，通过互联网向 SaaS 平台供应商订购所需的应用软件服务，按订购服务的多少和时间的长短向厂商支付费用，并通过互联网获得 SaaS 平台供应商提供的服务。SaaS 应用软件有付费和增值两种模式，其中付费通常为"全包"费用，囊括了通常的应用软件许可证费、软件维护费以及技术支持费，将其统一为每个用户的月度租用费。

产业实现质量变革、效率变革和动力变革的重要途径,对推动我国经济高质量发展具有重要意义。党的二十大报告提出:"加快发展数字经济,促进数字经济和实体经济深度融合,打造具有国际竞争力的数字产业集群。"从实践来看,强化价值创造、数据集成及平台赋能,已经成为传统产业数字化转型的重要趋向。

1. 从生产驱动到以消费者为中心的价值创造

数字化不仅是优化企业生产的关键技术支撑,更是连接市场、满足消费者需求、更好服务消费者的重要方式。基于数字化的价值创造,使企业价值链重构,成为既包含制造业价值链增值环节,又包含服务业价值链增值环节的融合型产业价值链。

2. 从物理资产管理到数据资产管理

围绕数据的采集、筛选、加工、存储、应用等各环节进行规划,基于数据加工的全链条进行数据资产治理体系建设,提高数据资产价值正在成为企业发展的重要任务,企业针对数据资产的管理也呈现出运营化发展趋势。

3. 从内部数字化到平台赋能的产业链协作

越来越多的互联网企业及重点行业中的骨干企业加大了在工业互联网上的投入。除了加快自身数字化外,这些企业还通过平台建设将各自关于数字化实践的经验赋能中小企业,形成对上下游相关主体的支撑。这些平台汇聚、共享了设计、生产、物流等制造资源,有效整合了产品设计、生产制造、设备管理、运营服务等数据资源,开展面向不同场景的应用创新,不断拓展行业价值空间,平台赋能中小企业数字化转型的效果初步显现,传统产业数字化转型整体进度加快。

第四节　O2O 模式:概念、发展历程和应用领域

一、O2O 模式的概念和特点

(一) O2O 模式的概念

O2O 模式即 Online to Offline,是指将线下的商务机会与互联网结合,让互联网成为线下交易的前台。O2O 模式是信息平台整合和调配的结果,它涉及两个范围:一类是同类产品的信息交互整合;另一类是不同类产品信息的整合。其最终结果是从线上导流

O2O 模式:
概念、发展
历程和应用
领域

到线下,形成一个产品的闭环,有效提升效率。O2O 模式框架如图 2-5 所示。

(二) O2O 模式的特点

O2O 模式的特点包括以下五个方面:

(1) O2O 模式充分利用了互联网跨地域、无边界、海量信息、海量用户的优势,充分挖掘线下资源,促成线上用户完成线下商品与服务的交易,团购就是 O2O 模式的典型代表。

(2) O2O 模式可以对商家的营销效果进行直观的统计和追踪评估,规避了传统营销模式推广效果的不可预测性,O2O 模式将线上订单和线下消费相结合,所有的消费行为均可以准确统计,进而吸引更多的商家加入,为消费者提供更多优质的产品和服务。

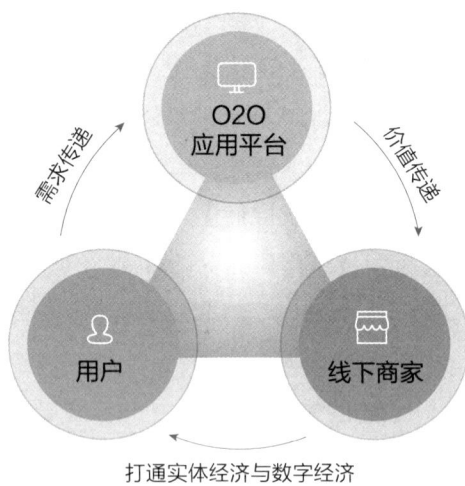

图 2-5　O2O 模式框架

(3) O2O 模式在服务业中具有优势,价格较低,消费者购买方便,且消费者能及时获知折扣等信息。

(4) O2O 模式拓展了电子商务的发展方向,让电子商务由规模化走向多元化。

(5) O2O 模式打通了线上线下的信息和体验环节,让线下消费者避免了因信息不对称而遭受的价格蒙蔽等现象,并能实现线上消费者的售前体验。

✦ 探索驱动

智慧商店建设:线上线下商品"同标、同质、同价"

2021 年 7 月,商务部办公厅印发了《智慧商店建设技术指南(试行)》(以下简称《指南》),主要适用于百货店、超市、便利店业态,明确了智慧商店的定义、建设原则。《指南》要求,智慧商店建设应提供线上线下一体化服务,包括但不限于线上线下商品"同标、同质、同价",统一即时送达服务等。

《指南》定义,智慧商店是指运用现代信息技术(互联网、物联网、5G、大数据、人工智能、云计算等),对门店商品展示、促销、结算、管理、服务、客流、设施等场景及采购、物流、供应链等中后台支撑,实现全渠道、全场景的系统感知、数据分析、智能决策、及时处理等功能,推动线上线下融合、流通渠道重构优化,以更优商品、更高效率和更好体验满足顾客便利消费、品质消费、服务消费的商店。

《指南》规定了智慧商店信息基础设施、服务精准化、场景数字化、管理智能化建设要求等内容,适用于指导单体零售商店,主要包括两大类:一是超市、便利店;二是百货店,并可适时推广至购物中心、折扣店等零售业态。

《指南》对智慧商店各业态提出了五项通用技术要求,包括宽带、智能感知设施、数据中心、智能运维设施、系统支持等。其中提到,智慧商店应具备4G以上的网络通信基础设施,鼓励建设和应用5G基础设施,布局有线网络和无线网络。

对于智慧商店在服务精准化方面,《指南》也做出了具体要求,不仅要运用小程序、App等数字化工具提供数字营销、精准推送等服务,还应建有客户管理或电子会员系统等。其中还特别提到,智慧商店建设应提供线上线下一体化服务,包括但不限于线上线下商品"同标、同质、同价",统一即时送达服务,以及线上线下商品价格查询、终端便捷支付、查询订单、物流状态跟踪、售后服务等全流程、全场景信息互通等。

二、O2O 模式在中国的发展历程

纵观 O2O 模式在中国的发展,大致经历了三个阶段,即 2010 年以前,以携程网为代表的 O2O 模式探索阶段;2010—2012 年,以美团为代表的 O2O 模式快速发展阶段;2013 年以后,O2O 模式开始向传统行业渗透,进入较为成熟的阶段。

(一)探索阶段:2010 年以前

在我国电子商务发展的历程中,消费者对 O2O 模式并不陌生,以携程为代表的票务网站就是早期 O2O 模式的代表。早在 2010 年以前,携程就收购线下旅游公司,用线上信息吸引游客,先提供在线预订和购买,再让游客到线下的公司接受旅游服务。

(二)发展阶段:2010—2012 年

2010 年,团购概念进入中国并得以迅速发展,网络团购是 O2O 模式最具有代表性的应用场景。到 2010 年 8 月底,国内初具规模的网络团购企业数量达 1 200 多家。典型代表有美团网、拉手网等。

你使用美团等 App 的频率是多少？说说你的使用体验？

（三）成熟阶段：2013 年至今

2013 年团购开始退潮，众多企业被收购甚至破产，大多数团购企业开始向本地生活服务类转型，并开始向其他细分行业渗透，我国 O2O 模式趋于成熟。例如，2013 年家具行业 O2O 模式起步，如今已得到飞速发展，涌现出尚品宅配、林氏木业等一批优质家具 O2O 平台和企业。蓬勃发展的 O2O 市场在 2021 年以超 25% 的增速发展到超 3 万亿元的规模，如图 2-6 所示。

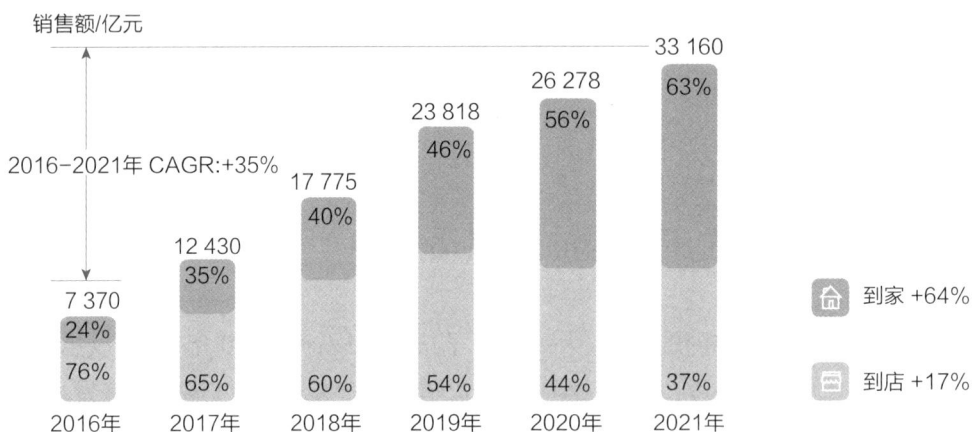

销售额/亿元

2016-2021年 CAGR:+35%

	7 370	12 430	17 775	23 818	26 278	33 160
到家	24%	35%	40%	46%	56%	63%
到店	76%	65%	60%	54%	44%	37%
	2016年	2017年	2018年	2019年	2020年	2021年

🏠 到家 +64%

🏪 到店 +17%

（资料来源：凯度咨询）

图 2-6　O2O 市场的规模与增速

（注：CAGR 英文全称为 Compound Annual Growth Rate，即复合年均增长率。）

⬡ 特色引领

美团与快手达成互联互通战略合作

2021 年 12 月 27 日，快手与美团宣布达成互联互通战略合作协议。双方将基于快手开放平台，打通内容场景营销、在线交易及线下履约服务能力，共同为用户创造"一站式"完整消费链路。

双方基于服务零售供应链与 UGC(User Generated Content,用户生成内容)所展开的优势互补合作,将有助于本地生活服务商家连接"内容种草"等多元场景下的增量需求,内容平台创作者也将因此受益。

美团将在快手开放平台上线美团小程序,为美团商家提供套餐、预订等商品或服务展示,提高其线上交易和售后服务等完整服务能力,快手用户将能够通过美团小程序直达。目前,美团小程序已率先完成餐饮品类的试点上线,未来还将陆续上线酒店、民宿、景区、休闲玩乐、美容美发等多个生活服务品类。

美团和快手的互联互通,为本地生活行业带来了更广阔的想象空间和市场增量,有助于实现平台、用户、达人、商家的多赢和商业生态的正循环。

三、O2O 模式的应用领域

O2O 模式的典型应用领域包括餐饮 O2O 模式、生鲜电商 O2O 模式、出行 O2O 模式和旅游 O2O 模式等。

(一)餐饮 O2O 模式

我国餐饮 O2O 模式主要包括以下三种形式:

1. 自营外卖 O2O 模式

由餐饮连锁品牌经营升级而成的自营外卖中心,是我国最早的外卖送餐 O2O 模式,这类模式适合大中型连锁加盟类餐饮业。

2. 轻模式平台 O2O 模式

轻模式平台即商家提供的订单由商家自己配送的平台。在这种模式下,餐户将餐品信息展现在轻模式平台上,轻模式平台以用户为中心,一般会提供账户,为餐户展示服务项目,为其引流,并收取一定的费用,或按订单信息量提成。消费者根据轻模式平台掌握餐户和餐品信息,线上下单并付款。轻模式平台不展示线下推广派送服务项目,必须要餐户自主派送或用户线下取餐。典型代表有传统的大众点评团购等。

3. 重模式平台 O2O 模式

重模式平台即自己组建物流派送团队的平台。在这种模式下,餐户将餐品信息展现在平台上,平台以消费者为中心,一部分平台通过对外开放平台账户来提升总流量;另一部分平台通过与对外开放平台或轻模式平台开展连接,共享餐户信息,按订单量提成。消费者根据平台掌握餐户和餐品信息,能够在线上下订单并通过第三方支付,也可在餐品送到后支付。平台提供线下派送服务,派送人员获得订单信息后,先去餐户拿餐品,再送给客户。

(二) 生鲜电商O2O模式

生鲜电商 O2O 模式以线上销售与体验店、社区店及自提柜相结合的方式为主,主要有以下三种形式:

1. 线上销售与体验店的结合

依靠线下体验店让顾客感受商品和服务内容,培养消费者购物习惯。消费者感知商品或服务内容后,既可以到店购买,也可以线上下单,由商家进行配送。如图 2-7 所示。典型代表有盒马鲜生等。

图 2-7 线上销售与体验店的结合示意图

❖ **特色引领**

<u>盒马鲜生:以数据和技术驱动的新零售平台</u>

盒马鲜生是国内首家新零售商超,创立于 2015 年,首店在 2016 年 1 月开设,被视为阿里巴巴新零售样本。盒马鲜生与传统零售业的最大区别是,运用大数据、移动互联、智能物联网、自动化等技术及先进设备,实现"人、货、场"三者之间的最优化匹配,从供应链、仓储到配送,盒马都有自己的完整物流体系。

2. 线上销售与社区店的结合

消费者线上购买生鲜产品,经由社区配送点获得购买的商品。社区店分为直营店和加盟店两种形式。直营店便于管理,但成本相对较高;加盟店成本相对固定,但管理需遵循加盟品牌方的要求。

3. 线上销售与自提柜的结合

目前,很多城市的社区设置有自提柜,每个自提柜均可以通过密码等方式开取提货,给消费者提供了便利。这种模式既可以充分解决消费者与快递配送的时间差,也可以避免二次物流造成的运力资源浪费。

(三) 出行O2O模式

O2O模式已经渗透人们的出行方面,目前,按照市场定位和用户需求,可以将市场上各类出行软件分为三种类型:拼车软件、打车软件和专车软件。拼车、打车和专车三种不同类型的出行场景也是人们由公共空间向私有空间逐渐转变的过程。

◈ 特色引领

神州专车:互联网出行品牌

神州专车是国内领先的租车连锁企业——神州租车联合第三方公司优车科技推出的互联网出行品牌。2015年1月28日,神州专车在全国60大城市同步上线,利用移动互联网及大数据技术为客户提供"随时随地,专人专车"的全新专车体验。神州专车定位于中高端群体,主打中高端商务用车服务市场,易观国际数据显示,神州专车国内高端客户数位列行业榜首,与传统的出租车有本质区隔,两者相互补充并为用户提供更加多元化的出行方式。

(四) 旅游O2O模式

旅游O2O模式是指将线下的旅游资源和服务供应商集中地展现在平台的页面,供消费者选择,用户在线上下单对旅游服务进行预约支付,然后依靠支付凭证在线下商家享受旅游服务、完成旅游活动的模式。

◆ 网络探索

通过网络查阅旅游O2O平台相关资料,分析此类平台发展的现状和趋势。

2015 年，旅游 O2O 模式获得里程碑式的发展，迎来旅游 O2O 元年。随后，携程、同程、去哪儿、途牛、驴妈妈等在线旅游企业纷纷向线下延伸，万达、海航、中青旅等传统线下旅游企业向线上发展，穷游、马蜂窝、面包旅行、在路上等旅游服务平台积极开展业务探索，互联网头部企业也纷纷布局旅游 O2O。艾瑞数据显示，2021 年中国在线旅游度假占整体休闲游市场的比重为 10%。旅游线下消费体验的特殊性决定了旅游业务无法完全线上化，所以 O2O 模式依然是旅游行业开展电子商务的主要形式之一。

❖ 特色引领

途牛旅游网：让旅游更简单

途牛旅游网创建于 2006 年，以"让旅游更简单"为企业宗旨，创立于南京。作为中国领先的休闲旅游公司，途牛旅游网为线上、线下消费者提供包括跟团、自助游、自驾、邮轮、景区门票，以及公司旅游、机票、酒店等在内的商品和服务。伴随着用户出游趋势的个性化、碎片化，途牛旅游网建设了全品类动态打包系统。通过动态打包，客人可以自主定制、任意组合出行方式、住宿、游乐等，让供给与需求的契合满足客户多样化出游需求，同时实现了"打包订，更便宜"的产品优势。

❖ 视野拓展

电子商务新模式

1. BOB 模式

BOB（Business Operator Business）模式是指供应方与采购方之间通过运营者达成产品或服务交易的一种电子商务模式，核心目的是帮助那些有品牌意识的中小企业或者渠道商打造自己的品牌，实现自身的转型和升级。BOB 模式打破了以往电子商务的固有模式，提倡将电子商务平台化向电子商务运营化转型，不同于以往的 C2C、B2B、B2C 等商业模式，其将电子商务以及实业运作中的品牌运营、店铺运营、移动运营、数据运营、渠道运营五大运营功能板块进行升级和落地。

2. BAB 模式

BAB（Business Alliance Business）模式是指把网络提供的技术手段和依靠有信誉的代理商提供的保证结合起来，把身份认证、信息服务、网上支付、物流配送等各个环节集成起来的一种电子商务模式。此模式提供统一可靠的平台，从而真正实现了"三流合一"（"三流"是指信息流、资金流、物流），为企业之间的电子商务提供必要的服务和基础条件。BAB 是囊括 B2B、B2C、B2M（Business to Manager）、B2T（Business to Team）、B2G（Business to Government）、C2C、C2G（Consumer to Government）的新型商业模式，致力于搭建企业间资源联盟，解决整个产业链资源交换的数据整合问题，更大程度地降低商品资源流通成本，并创造一个包括信息流、资金流、物流在内的、有保障的电子商务服务环境。

3. B2Q 模式

B2Q（Enterprise Online Shopping Introduce Quality Control，企业网购引入质量控制）模式，是指交易双方在线上先签署意向交易合同，签单后根据买方需要可引进公正的第三方（验货、验厂、设备调试工程师等）进行商品品质检验及售后服务。

4. C2B 模式

C2B（Consumer to Business）模式是指以消费者个体为主导的市场交易机制，包括消费者贡献价值、组织消费价值的商业模式，以及消费者聚集需求、组织满足需求的商业模式。前者是消费者根据自身需求定制产品和价格，或主动参与产品设计、生产和定价，产品、价格等彰显消费者的个性化需求，生产企业进行定制化生产，如小米公司提供的定制化业务；后者是商家通过网络将具有共同需求的消费者聚集起来，并以较低价格出售商品或服务，如团购。

党的二十大报告提出："加快实施创新驱动发展战略，坚持创新在我国现代化建设全局中的核心地位。"电子商务模式的不断创新，对于提高企业的竞争力、提升用户体验、优化运营效率，推动电子商务生态系统的良性发展，具有重要的意义。

一、单选题

1. 中国第一个 C2C 电子商务平台是（　　）。

    A. 易趣　　　　　　　　　　　　B. eBay

    C. 淘宝　　　　　　　　　　　　D. 阿里巴巴

2. 目前最大的自营类 B2C 平台是（　　）。

    A. 天猫　　　　　　　　　　　　B. 亚马逊

    C. 苏宁易购　　　　　　　　　　D. 京东

3. 以下电子商务平台中属于综合 B2B 平台的是（　　）。

    A. 科通芯城　　　　　　　　　　B. 中国化工网

    C. 找钢网　　　　　　　　　　　D. 环球资源网

4. 大众点评网属于（　　）模式。

    A. C2C　　　　　　　　　　　　B. B2C

    C. O2O　　　　　　　　　　　　D. B2B

二、多选题

1. 以下选项中,属于 C2C 模式中电子商务参与方的是（　　）。

    A. 企业卖家　　　　　　　　　　B. 个人卖家

    C. 个人买家　　　　　　　　　　D. 企业买家

2. B2C 模式按照运营主体可以分为（　　）。

    A. 生产企业自营型　　　　　　　B. 第三方平台

    C. 零售商直销型　　　　　　　　D. 综合型平台

3. B2B 模式按照服务内容来划分,可分为以下（　　）几种。

    A. 信息服务模式　　　　　　　　B. 在线交易模式

    C. 供应链协同服务模式　　　　　D. 应用软件服务模式

4. 以下平台中属于垂直型 B2B 模式的是（　　）。

    A. 找钢网　　　　　　　　　　　B. 中国化工网

    C. 慧聪网　　　　　　　　　　　D. 科通芯城

5. O2O 的典型应用领域包括（　　）O2O 模式。

    A. 餐饮　　　　　　　　　　　　B. 旅游

    C. 生鲜电商　　　　　　　　　　D. 出行

三、简答题

1. 威客网通常可以分为哪三种类型？

2. 简述中国 B2B 模式的发展历程及每个阶段的代表性企业或平台。

3. 作为 O2O 应用较为广泛的餐饮行业领域，其常见的模式有哪些？

四、技能训练题

1. 用思维导图形式画出中国 B2B 模式发展历程并标注每个阶段的重要事件。

2. 在网络上收集共享经济的材料，对 O2O 模式的发展方向进行分析。

五、综合案例分析题

盒马鲜生的新零售创新

盒马鲜生是一种新零售模式，集超市和餐饮于一体。盒马鲜生线下实体店经营商品种类很多，尤其以生鲜为主。与一般超市生鲜区相同的是，盒马鲜生卖场入口陈列着各种海鲜食品，在其他超市能买到的在这里也几乎都能够买得到。而不同于一般超市的是，占盒马鲜生 30% 的区域是餐饮区。消费者到店不仅可以买到所需的生鲜、食品半成品，还可以当场将挑选好的海鲜在餐饮区加工，直接堂食或者带回家吃。这就是盒马鲜生的创新点之一，这种新的消费体验解决了年轻上班族的吃饭问题，还吸引了大量的消费者前来体验。

一、精准的目标群体定位

盒马鲜生的目标群体是"80 后"和"90 后"。在物质财富极大丰富的年代，商品的质量和服务体验成为"80 后"和"90 后"消费者最关心的问题。盒马鲜生正是抓住这个消费群体的消费需求，将自己定位为"精品超市"：产品质量好、包装精美，产品从世界各个地方进行采购，追求高品质。

二、高端的产品定位

盒马鲜生的海鲜产品多数是从国外采购的，比如俄罗斯帝王蟹、南美洲大虾、澳大利亚龙虾和牛排等。不仅如此，店里的休闲食品及酒饮类等大多数也都是从国外进口的，使得产品的品类变得更加丰富。

三、多元化的销售渠道

盒马鲜生的销售模式融合了线上和线下两种方式。盒马鲜生有自己的实体店，消费者可以亲自到店里选购自己喜欢的商品。另外，盒马鲜生有自己的 App，每个消费者都可以成为其会员。消费者只要打开盒马鲜生 App，选购自己喜欢的商品并下单，辐射店铺 3 公里的范围内, 30 分钟就可以送达。

四、全自动的物流系统

盒马鲜生 3 公里内 30 分钟送达的承诺, 得益于它全自动的物流系统。门店在后台设置了 300 多平方米的合流区, 前后台采取自动化传输系统, 从前端门店到后端仓库装箱, 都由物流带传送。在门店中, 消费者可以看到头顶上方的传送带有包裹在"飞来飞去"。店铺接到线上订单后, 拣货员根据订单挑选好商品后放入专用保温袋中, 通过自动传输系统直接把商品传送到后台合流区, 装入专用的配送箱, 用垂直升降系统送到一楼, 从接单到装箱只需 10 分钟即可完成。

根据上述材料, 查阅盒马鲜生相关资料, 回答以下问题:

1. 盒马鲜生最大的创新点在哪里?

2. 盒马鲜生的销售模式是怎样的?

3. 盒马鲜生成功的因素有哪些?

第三章 构建电子商务支撑体系

学习目标

【素养目标】

- 通过对电子商务支付和新技术发展的学习,引导学生关注电子支付与电子商务技术新动态,培养学生重视网络信息安全的职业素养
- 通过对电子商务物流的学习,培养学生脚踏实地、争创一流的劳动精神
- 通过对电子商务新技术的学习,培养学生探索创新、精益求精的科学精神

【知识目标】

- 了解电子支付的基本概念及电子支付系统的构成
- 了解第三方支付、移动支付的主要应用
- 了解电子商务物流的相关概念
- 熟悉我国电子商务物流的发展趋势
- 掌握计算机网络技术、Web 开发技术及电子商务新技术对电子商务的影响

【技能目标】

- 能够分析第三方支付、移动支付的主要交易流程
- 能够分析以智慧物流为代表的电子商务物流发展趋势
- 能够辨别电子商务应用过程中使用的相关技术

内容概览

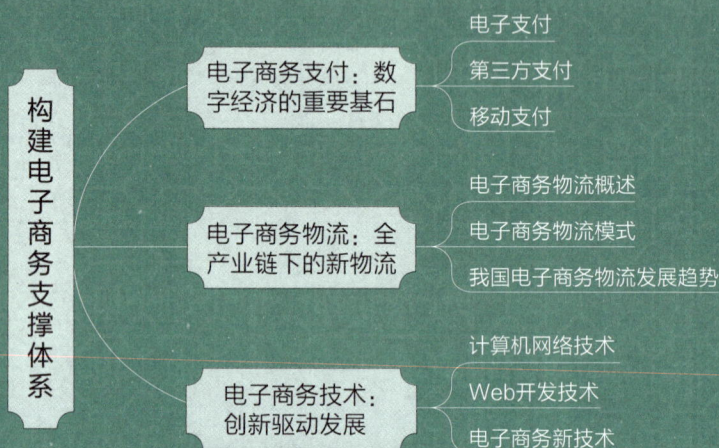

构建电子商务支撑体系

- 电子商务支付：数字经济的重要基石
  - 电子支付
  - 第三方支付
  - 移动支付
- 电子商务物流：全产业链下的新物流
  - 电子商务物流概述
  - 电子商务物流模式
  - 我国电子商务物流发展趋势
- 电子商务技术：创新驱动发展
  - 计算机网络技术
  - Web开发技术
  - 电子商务新技术

学习计划

✦ 素养提升计划

_____

_____

✦ 知识学习计划

_____

_____

✦ 技能训练计划

_____

_____

电商基础设施正在打破制约传统地区发展的因素

2021年6月9日,中南财经政法大学数字经济研究院与阿里巴巴集团共同发布的《西部电商发展报告2021》显示:2020年,西部地区在淘宝开店的新创业者人数增幅首次超越其他地区并领跑全国;在物流方面,两年内东西部地区包裹运送的平均时长缩短了16小时;云南、四川、陕西3个西部省份,进入全国"新农人"主播数量前十位行列。而形成这一发展的主要因素就是电子商务基础设施的投入。

地理位置造成的禀赋差距是制约经济发展的一个重要原因,而电子商务发展所需的基础设施投入正在打破这一制约因素,西部地区基础设施和物流服务日益完善,有助于缩小地区差距。随着西部大开发战略的实施,特别是电商基础设施建设的完善,西部偏远山区的优质农产品"出村进城"成为可能。同时,各个电子商务企业也积极主动地将战略重心向乡村倾斜,在数字化生产、数字化营销、数字化物流等方面做了大量工作。比如,"菜鸟乡村计划"联合了主流快递公司,利用数字化、智能化技术,打通了县、乡、村三级快递物流配送通道,已服务全国3万个村点,未来将建设1 000条农产品上行高速公路。

以电商基础设施建设推动核心产业发展,正在成为西部地区缩小与中东部地区发展差距的有效"钥匙"。党的二十大报告提出:"坚持农业农村优先发展,坚持城乡融合发展,畅通城乡要素流动。"目前,电商基础设施建设已成为西部地区乡村振兴的新动力源。随着5G通信技术应用的普及,低时延、高清晰度成为提升电子商务体验的重要方式,从而为西部地区经济发展提供全新的空间。随着新技术的不断应用,越来越多的地区主动拥抱互联网,西部地区经济发展将会走上更宽广的快车道。

案例思考

1. 请收集相关资料,找出西部大开发战略中关于完善电子商务基础设施所包含的内容。

2. 请收集"菜鸟乡村计划"中关于电子商务技术的建设内容,分析数字化、智能化技术为乡村振兴带来的推动作用有哪些。

第一节　电子商务支付：数字经济的重要基石

一、电子支付

电子支付是网络贸易发展到一定阶段的必然产物，它以虚拟的形态、网络化的运营方式为电子商务提供必要的支撑。从事电子商务交易的消费者、商家和金融机构可以使用安全的电子支付手段，通过网络进行货币的支付或资金的流转。电子支付是推动电子商务快速发展的最重要因素之一。

◈ 行业亮点

企业端支付成为移动支付的新增长点

2021年5月，艾瑞咨询发布的研究报告显示，占据支付行业规模大头的C端市场因流量见顶，增速已趋于平稳，而B端支付则伴随着产业数字化转型的需求，逐渐成为移动支付的新增长点。对于行业中的支付机构而言，能否实现商户智慧支付解决方案的定制化，将成为B端支付竞争的关键。

随着5G、云计算、人工智能及大数据等前沿技术的不断发展，更多的数字化应用成为可能。支付行业作为强技术基因的科创型行业，也不断借助新技术对自身产品服务能力迭代升级，提出了"支付＋SaaS"的服务理念，即在高效实现传统支付职能之余，通过多元化的数字应用为企业提供更多的可选数字化服务，更好地助力企业高效经营。显然，相较于传统的支付服务，基于"支付＋SaaS"理念的智慧支付解决方案更受到B端市场的青睐，这也为第三方支付的转型和发展指明了新的方向。

虽然国内的企业SaaS服务仍然处于初级阶段，却已经在智慧支付等场景涌现出诸多的成功案例。随着数字化转型进程的逐渐深化，各行各业均会从中受益，支付行业也将在服务实体的过程中获得更广阔的发展空间。

（一）电子支付概述

1. 电子支付的概念

电子支付（E-Payment），是指通过电子信息化手段实现交易中价值与使用价值交换的过程，即完成支付结算的过程。电子交易的当事人包括消费者、商家、金融机构等，通过计算机网络实现货币支付和资金流转,其在线支付使用银行或其他中介机构发行的数字金融工具——电子货币,如电子现金、电子支票等。

⊞ 探索驱动

中国内地第一笔因特网电子支付

1998 年 3 月 18 日,在北京友谊宾馆,世纪互联通信技术有限公司向首都各新闻单位的记者宣布:中国内地第一笔因特网电子支付成功。为本次支付提供网上银行服务的是中国银行,扮演网上商家的是世纪互联通信技术有限公司。

中国内地第一笔因特网电子支付的时间是 1998 年 3 月 18 日 15:30。第一位网上交易的支付者是浙江电视台播送中心的王先生;第一笔费用的支付手段是中国银行长城卡;第一笔支付费用是 100 元;第一笔认购物品是世纪互联通信技术有限公司的 100 元上网机时。中国银行开展网上银行服务的最早时间是 1996 年。1997 年年底,王先生发现了世纪互联通信技术有限公司的站点,并填写了申请书。在接到王先生的申请后,世纪互联通信技术有限公司开始着手进行这次交易的筹备,王先生成为第一个在中国因特网上进行电子支付的人。这次支付也是国内企业与消费者在网上的"第一次亲密接触"。

2. 电子支付的特点

相比于传统支付结算时普遍使用的"一现三票一卡"(现金、发票、本票、汇票、信用卡),以互联网为主要平台的电子支付结算方式具有以下特点。

(1) 电子支付具有轻便性和低成本性。与电子货币相比,传统货币在制造和搬运过程中花费巨大。世界银行体系之间的货币结算和搬运费用占其全部管理费的 5% 左右。电子支付通过无纸化的信息传输来完成款项结算,不仅可以突破时空限制,而且成本较低,无论是个人还是企业都可从中受益。

(2) 电子支付具有较高的保密性和完整性。电子支付的保密性是指买卖双方的信息在产生、传送、处理和存储过程中不泄露给非授权者;电子支付的完整性是指交易信息在传送和存储过程中保持一致,在交易过程中不被非法篡改、删除和插入。电子支付充分利用数字密钥、数字签名和身份认证等安全技术,与传统支付方式相比更加安全可靠。

3. 电子支付系统的参与者

电子支付系统的参与者包括发行银行、支付者、商家、接收银行和清算中心等。它们在电子支付系统一般模型中的关系如图 3-1 所示。

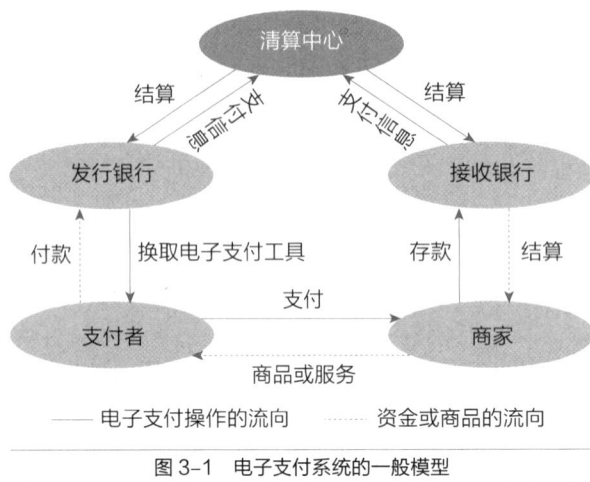

图 3-1　电子支付系统的一般模型

电子支付系统的参与者主要有以下五个。

（1）发行银行。发行银行为支付者发行有效的电子支付工具，如电子现金、电子支票和信用卡等。

（2）支付者。支付者付款给发行银行，从发行银行处换取电子支付工具。

（3）商家。商家接收支付者的电子支付工具并为支付者提供商品或服务。

（4）接收银行。商家存款给接收银行，接收银行从商家收到电子支付工具，并验证其有效性，然后提交给清算中心。

（5）清算中心。发行银行和接收银行将支付信息发给清算中心，清算中心定期清算，将清算结果返回两家银行进行结算。

（二）电子支付系统

1. 电子支付系统的概念

电子支付系统是指由提供支付服务的中介机构、管理货币转移的法律法规，以及实现支付的电子信息技术手段共同组成的系统，用来清偿经济活动参加者在获取实物资产或金融资产时所承担的债务，即把新型支付手段（包括电子现金、信用卡、借记卡、智能卡等）的支付信息通过网络安全传送到银行或相应的处理机构，从而实现电子支付。因此，电子支付系统既是电子交易顺利进行的重要社会基础设施之一，也是社会经济良好运行的基础和催化剂。

2. 电子支付系统的构成

电子支付系统是一个由买卖双方、网络金融服务机构、网络认证中心、电子支付工具和网上银行等各方面组成的大系统。网络支付系统应该在安全电子交易 SET（Secure

Electronic Transanction）协议或安全套接层 SSL（Secure Socket Layer）协议等安全控制协议的环境下工作，这些涉及安全的协议构成了网上交易的可靠环境。网上交易与支付环境的外层，则由国家及国际相关法律、法规的支撑予以实现。

电子支付系统的基本构成如图3-2所示，参与对象主要有客户、商家、客户开户行、商家开户行、银行专用网、支付网关、CA认证机构、支付协议。

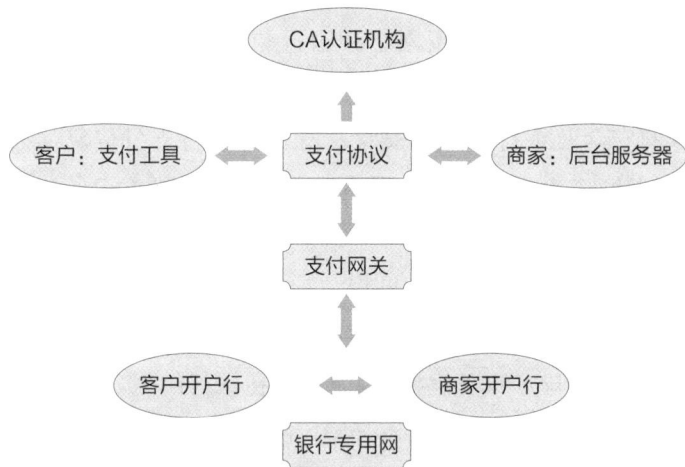

图3-2 电子支付系统的基本构成

（1）客户。客户是指与商家有交易关系并存在债务的一方。客户用自己拥有的支付工具进行电子支付，是支付系统运作的原因和起点。目前经常使用的电子支付工具有银行卡、电子现金、电子支票等。在电子商务中，消费者发出的支付指令，在由商家送到支付网关之前，是在公用网络中传送的。

（2）商家。商家一般是指在交易中拥有债权的一方，它可以根据用户发起的支付指令向银行系统请求货币给付。商家一般准备了专用的后台服务器来处理客户发起的支付过程，包括客户的身份认证和不同支付工具的处理。

（3）银行。电子商务的各种支付工具都要依托银行信用，没有银行信用，电子商务就无法进行。作为参与方的银行方面会涉及客户开户行、商家开户行、银行专用网等方面的问题。

① 客户开户行。客户开户行是指客户在其中拥有自己账户的银行，客户所拥有的支付工具就是由开户行提供的，客户开户行在提供支付工具的同时也提供了银行信用，即保证支付工具的兑付。在利用银行卡进行支付的过程中，客户开户行即为发卡行。

② 商家开户行。商家开户行是指商家在其中拥有自己账户的银行，支付过程结束

时,资金应该转移到商家在其开户行的账户中。商家将客户的支付申请提交给其开户行后,就由商家开户行进行支付授权的请求,并完成与客户开户行之间的清算。商家开户行依据商家提供的合法账单来操作,因此又被称为收单行。

③ 银行专用网。银行专用网是指银行内部及银行之间进行通信的网络,具有较高的安全性。我国的银行专用网主要包括中国国家现代化支付系统、全国电子联行系统、中国工商银行电子汇兑网络系统和银行卡授权系统等。

(4) 支付网关。支付网关是公用网络和银行专用网络之间的接口,支付信息必须通过支付网关才能进入银行支付系统,进而完成支付的授权和获取。支付网关的建设关系着支付结算的安全及银行自身的安全。支付网关将支付信息从公用网络传递到银行专用网络,既保证了电子商务安全顺利实施,又起到隔离和保护银行专用网络的作用。

(5) CA(Certificate Authority)认证机构。为确认交易参与方的真实身份,需要由CA 认证机构向参与商务活动的各方发放数字证书,以保证电子商务支付过程的安全性。CA 认证机构必须确认参与方的资信状况(如通过在银行的账户状况,或与银行交往的信用历史记录等)。因此,认证过程也离不开银行的参与。

(6) 支付协议。支付协议的作用就是为公用网络上支付信息的流动制定规则并进行安全保护。目前,比较成熟的支付协议主要有 SET 协议、SSL 协议等。一般一种协议针对某种支付工具,对交易中的交易流程、支付步骤、支付信息的加密、认证等方面做出规定,以保证在复杂的公用网络中的交易双方能快速、有效、安全地实现支付与结算。

◈ 行业亮点

支持无感支付的无人超市

无人超市使线上数据与线下购物深度融合,客户刷个脸、扫个码就可进入超市,超市内没有售货员,所有商品均可自选;当看到心仪的商品时,客户对着屏幕露个脸,也许开心大笑就能打折;客户买完商品后,无须刷卡,也无须支付现金,直接刷脸即可完成支付。

这就是 2017 年首次亮相的天猫无人超市。首先,通过图像识别技术,天猫无人超市对消费者进行快速面部特征识别、身份审核,完成"刷脸进店";然后利用物品识别和追踪技术,结合消费者行为识别技术,无人超市能判断消费者的结算意图,最后通过智能闸门快速完成"无感支付"。

二、第三方支付

（一）第三方支付概念

第三方支付是指非金融机构作为商户与消费者的支付中介,通过网联对接而促成交易双方进行交易的网络支付模式。

相比于网上银行和传统的汇款方式,第三方支付有延期付款功能,买家可在收到货物后才确认付款,规避了部分网购中的欺诈风险;卖家开通第三方支付账户后,可对接买家几乎所有的银行卡,既免去了传统支付方式中买家要办理多家银行卡的烦恼,也免去了传统支付方式烦琐的业务流程(如去银行、邮局汇款等)。目前,我国第三方支付的主要呈现形式为移动支付。

⬡ **主题讨论**

列出你所了解的第三方支付工具,用列表比较的形式讨论其优缺点。

（二）第三方支付交易流程

在提供支付结算服务的整个过程中,第三方支付机构主要提供中介服务,并提供方便、快捷的支付通道。在第三方支付模式下,商家看不到客户的银行账户信息,避免了因为银行账户信息在网络上公开传输而导致银行账户信息被窃的现象。在商家和消费者均已拥有第三方支付平台账户的前提条件下,下面以 B2C 交易为例说明第三方支付交易流程,如图 3-3 所示。

图 3-3 中各数字代表的流程如下。

（1）消费者浏览网上商城并选择商品。

（2）消费者在网上商城下订单。

（3）消费者选择第三方支付平台,直接链接到支付平台上,在支付页面上选择自己需要的支付方式后,在支付页面进行支付操作。

（4）第三方支付平台将消费者的支付信息按照网联支付网关的技术要求传递至网联,再由网联向银行发起支付请求。

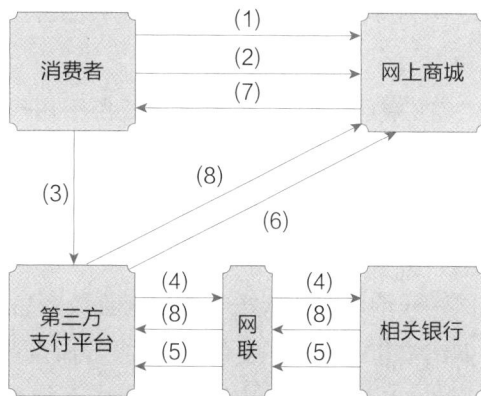

图 3-3　第三方支付交易流程

　　　　　　　　　　第三章　构建电子商务支撑体系

（5）相关银行检查消费者的支付能力,实行冻结、扣账或划账,并将结果信息传至网联,再由网联传至第三方支付平台。

（6）第三方支付平台通知网上商城,消费者已经付款。

（7）网上商城向消费者发货或提供服务。

（8）各银行和第三方支付平台,以及网上商城与第三方支付平台通过网联完成资金清算。

（三）我国第三方支付发展

近年来,在我国电子商务与移动支付快速发展的推动下,我国第三方支付交易规模持续扩大,截至 2022 年年底,我国第三方移动支付交易规模为 319.2 万亿元。移动支付作为第三方支付增长的主要驱动力,其用户规模已经突破 8 亿人。第三方支付凭借其便捷、高效、安全的支付体验,推动了我国支付市场高速发展,使其成为国际领先的电子支付市场之一。

1. 我国第三方支付系统组成

我国第三方支付系统由监管机构、发卡侧金融机构、账户侧支付机构、清算机构、收单侧支付机构和收单外包服务机构等组成。当账户侧支付机构与收单侧支付机构为同一支付机构时,只需要在发卡侧金融机构清算,无支付机构间清算这一环节。账户侧支付机构也为大量直连商户提供收单服务。除收单外包服务机构外,收单机构也会面向商户提供以收款为基础的全套服务。

2. 我国第三方支付特点

（1）用户在网时长稳定累加,产业互联网带来生产型流量。随着用户移动设备使用时间的延长,以移动支付形式呈现的第三方支付亦伴随交易规模的增长而稳定增长。同时,第三方支付机构已经建立起了较强的用户黏性,用户已经形成对第三方支付机构的路径依赖,预计未来这种强劲的优势会继续延续。而在产业端,产业互联网的崛起将为互联网整体带来大量的生产型流量,支付作为所有商业行为的最关键一环,也将随之产生新增的产业端支付业务规模。

（2）增速趋于稳定,未来增长源于用户下沉和企业创新。我国第三方支付的增长路径源于电商,因社交红包转账而获得爆发式增长,因线下二维码支付而进入线下驱动的新轨道。伴随着规模的快速增长,第三方支付渗透率逐步提升,行业规模增速趋于稳定。行业未来增长的确定性在于第三方支付在地域和人群方面的持续下沉,而再一次迎来爆发式增长的可能性依托于新的现象级产品的诞生。目前,第三方支付交易规模主要来自与网络零售端用户相关的支付交易,而企业之间第三方支付渗透率仍有较高增长空间。

（3）消费类交易占比稳步提高,金融及个人应用类交易增长潜力大。线下二维码支付的出现改变了第三方支付的形态,使得消费类交易占比稳步提高。而金融类和个人应用类交易板块,自 2016 年后并未出现飞跃性的产品形态,这两个板块业务规模的增长主要来自第三方支付自身的渗透率提升、用户黏性的提高以及互联网理财和消费金融业务的发展。对比银行卡交易的结构,同样经历了消费类交易占比提升的过程,但 2020 年银行卡转账类交易占比高达 85.5%,第三方支付的个人应用和移动金融两部分总和的占比尚不及此,因此在大额的金融服务和个人应用转账类服务以及企业间转账类服务,第三方支付从业企业仍有发力空间,蕴含增长潜力。

三、移动支付

(一)移动支付的概念

移动支付是指用户在移动客户端利用手机等电子产品来进行电子货币支付,移动支付将互联网、终端设备、金融机构有效地连接起来,形成了一个新型支付体系。移动支付开创了新的支付方式,使电子货币开始普及。

随着 5G 时代的到来,移动支付业务迎来了前所未有的发展机遇,既成为电子支付领域新的增长点,也成为用户对移动功能需求的热点。作为新兴的电子支付方式,移动支付拥有方便、快捷、安全等诸多特点,消费者只要拥有一部手机,就可以完成交易,享受移动支付带来的便利。

✧ 特色引领

数字人民币

数字人民币是由中国人民银行发行的数字形式的、有国家信用背书的、有法偿能力的法定货币,与纸钞硬币等价,具有价值特征和法偿性,支持可控匿名。目前,110 多个国家在不同程度上开展了央行数字货币相关工作。对于我国来说,研发数字人民币主要是为了满足零售支付需要,提高货币和支付体系运行效率。

数字经济离不开金融创新应用,目前各电商平台都积极拥抱数字人民币。数字人民币既具有实物人民币的"支付即结算"、匿名性等特点,又具有电子支付工具成本低、便携性强、效率高、不易伪造等特点,便于线上线下全场景应用,有利于企业及消费者在享受支付便利的同时提高资金周转效率,进一步降低支付成本。数字人民币自首批试点以来,已实现交通出行、餐饮住宿、购物消费、旅游观光、医疗卫生、通信服务、票务娱乐七大类重点领域全覆盖。商务部 2022 年 11 月发布的《中国电子商务报告2021》显示,截至2021年年底,全国数字人民币试点场景超808.51万个,交易金额达875.65亿元,电子商务成为数字人民币覆盖领域最广泛、试验效果最显著,也最具有发展潜力的应用场景。目前,几十个电子商务平台都已支持数字人民币应用,覆盖衣食住行等线上线下全场景。

(二)移动支付的分类

按照不同的标准,移动支付可以划分为不同的类型,而不同类型的移动支付方式在成本、安全等问题及应用领域方面也存在一定差异。下面从支付地点、交易金额和结算时间三个方面对移动支付进行分类,如表3-1所示。

表3-1 移动支付的分类

分类标准	分类	典型应用
支付地点	远距离支付	网上购物、银行业务、在线充值
	近距离支付	商店购物、公共交通
交易金额	小额支付	公共交通
	大额支付	在线购物和充值
结算时间	预支付	公共交通
	即时支付	网上购物
	离线支付	信用卡的离线支付

1. 按支付地点分类

按支付地点的远近,移动支付可以分为远距离支付和近距离支付。

(1)远距离支付。远距离支付以短信、语音、WAP等方式提起业务请求,不受地理位置的约束,以银行账户、手机话费或虚拟预存储账户作为支付账户,开展网上购物付款、转账汇款等银行业务和缴纳水费、电费、燃气费等在线充值业务。

(2)近距离支付。近距离支付则是利用红外线、蓝牙、射频等技术实现支付功能,满足消费者在商店、公共交通、停车场等场所通过终端设备进行快捷支付的需求。

2. 按交易金额分类

按交易金额的大小,移动支付可以分为小额支付和大额支付。

(1)小额支付。小额支付主要是指交易金额较小的业务,适用于日常生活服务等消费,例如公共交通、购买日常用品等。小额支付结算快捷、操作简单且运作成本低,目前我国大多数移动支付应用的是小额支付。

（2）大额支付。大额支付指的是单次交易金额较大的业务,适用于在线购物和充值等场景。为了保证交易的安全性,需要通过可信任和安全性较高的金融机构监督交易。

3. 按结算时间分类

按结算时间的差异,移动支付可以分为预支付、即时支付和离线支付。

（1）预支付。预支付是指用户预先支付一定额度的现金来购买电子钱包或者储值卡,交易时直接从电子钱包或者储值卡中扣除,当余额不足时则无法交易,消费者必须补足金额后才能消费,如乘坐公共交通等。

（2）即时支付。即时支付是指在消费前,消费者预先指定银行账户;在消费时,银行确认用户指定账户内有足够的余额可供扣款;当交易完成时,交易金额已经从用户账户转至商家账户,如网上购物等。

（3）离线支付。离线支付是指用户消费后,消费金额不需要马上支付,而可以纳入当月的银行账单或手机账单中。如支持离线支付的信用卡,一般只需向商家提供卡号、有效期、CVV 码等,当商家向银行核对信息时,才进行转账支付。但这种支付方式风险较大,现在支付宝等机构已限制使用。

◈ **主题讨论**

讨论日常生活中移动支付的场景,说说移动支付给人们的生活带来了哪些影响。

（三）移动支付的途径

移动支付的途径有短信支付、扫码支付、指纹支付和面部识别支付等。

（1）短信支付。短信支付是手机支付的最早应用,将用户手机 SIM 卡与用户本人的银行卡账户建立一一对应的关系,用户通过发送短信的方式在系统短信指令的引导下完成交易支付请求,操作简单,可以随时随地进行交易。手机短信支付服务常用于移动缴费和消费。

（2）扫码支付。在该支付方式下,商家可把账号、商品价格等交易信息生成一个二维码,用户通过手机客户端扫描二维码,便可实现消费者与商家支付账户的支付结算。

（3）指纹支付。指纹支付即指纹消费,是消费者采用目前已成熟的指纹系统进行消费认证,即用户使用指纹注册成为电子商务平台会员,通过指纹识别即可完成消费支付。

（4）面部识别支付。面部识别支付是一种新兴的移动支付方式,用户可以在支付宝等手机 App 中设置使用该方式进行支付验证,也可以设置到店面部识别支付,设置后商家只需要通过面部识别收款设备扫描用户的面部信息即可完成收款。

◈ **行业亮点**

微信、支付宝启动高速收费"无感支付"

当消费者还在惊叹于手机支付带来的改变时,微信和支付宝已经开始让支付脱离手机了。微信和支付宝同时启动高速收费"无感支付",多年未变的高速收费将迎来巨变。

支付宝:只要客户的信用积分在 550 分以上,客户便可直接把汽车与支付宝账户绑定,汽车就"变成"了支付宝,车牌就"变成"了付款码;汽车下高速时,系统会自动识别车牌,自动从客户的支付宝账户里扣费;全程不需要现金,不需要找零,更不需要掏出手机。

微信:客户把车牌与微信账户绑定,再开通免密支付即可。客户如果不放心,还可以单独预存通行费。汽车下高速时,系统会自动识别车牌,自动从客户的微信账户中扣款,并向客户发送扣款短信,实现先通行后付费。

(四)移动支付的应用

在众多支付方式中,移动支付已经凭借其优越的技术和产品创新走在了前列,并且借助风控创新、视觉创新、操作创新等,成为当前第三方支付的主流。移动支付依附于移动商务,既成为拉动消费的新动力,也成为不同消费场景的黏合剂,刺激着不同行业的业态需求。目前,移动支付已全面渗透于生活消费的多元化场景中,消费者无论是去商超购物、环游旅行还是生活缴费、手机充值等,都离不开移动支付。也正是移动支付在人们生活中的不断渗透,使得各个领域都在对移动支付的应用技巧进行创新,具体包括以下几个方面。

◆ **网络探索**

电子支付系统安全实用,数字人民币的推广和应用,将逐渐取代社交支付软件。搜索网络资料,讨论电子支付系统的前景如何。

1. 医疗领域

在移动互联网时代,移动医疗使人们告别了以往亲自去医院才能就诊的传统模式,迎来了移动医疗平台从线下走到线上的医疗服务。在移动医疗平台,患者可以进行在线咨询、预约、挂号等,还可以通过蓝牙社保卡读卡器解决医保卡刷卡结算问题,在一定程度上也缓解了"看病难"的问题。

2. 社交领域

现实的社交活动中,互赠礼物是强化社交关系的一种方式,而虚拟社交作为人们现实社交活动的补充方式,赠送虚拟礼物也随之产生。此外,现实中的人们可以通过相应装扮、物品表明自身身份,获得社会认知,虚拟社会也存在同样做法。社交网站顺应了这种社交需要,出售各类虚拟礼物、虚拟装扮等虚拟商品,用户需要对其进行在线支付。同时,由于社交网络受众广、口碑效应强,越来越多的线下商家通过社交平台进行产品和服务的推广,社交平台也将电子商务整合纳入,在线商品的购买支付如果在社交平台上完成,就会极大地增强用户体验、减少交易成本。

3. 出行领域

近几年,打车软件的使用热度有增无减。打车软件给人们带来的不仅有打车的便利,还有良好的移动支付体验。由此,打车应用领域的行业内部竞争已升级为移动支付之争,这充分说明了移动支付在移动互联网时代将获得更大的发展机会。

4. 可穿戴领域

将随身携带的可穿戴设备应用在移动支付领域,使用可穿戴设备与支付终端交互完成支付,将大大简化支付流程。现在,很多智能手环不仅具备智能手环的计步、身体状况监测等功能,同时还可作为移动支付设备。相比于传统银行卡或手机,手环更加便携,无论是在商场、地铁,还是在便利店里,只要佩戴着智能手环,在带有银联"闪付"等在线支付功能的 POS 机或终端上轻松一挥即可完成支付。将手环与手机绑定的用户,还可以在手机上完成银行卡申领(空中开卡)、余额查询及账户圈存等操作。

5. 旅游领域

当下,旅游已经成为人们释放压力、排解压抑和放松身心的最佳选择,也是人们在精神生活方面的重要组成部分。随着移动互联网的快速发展,旅游领域也逐渐从 PC 端走向了移动端,旅游业抓住这个契机,借助移动支付为广大消费者带来了更多的便捷支付体验,使得移动支付成为旅游消费的新亮点。

✦ 视野拓展

我国网络支付发展现状

截至 2022 年 12 月,我国网络支付用户规模达 9.11 亿人,较 2021 年 12 月增长 781 万人,占网民整体的 85.4%(见图 3-4)。

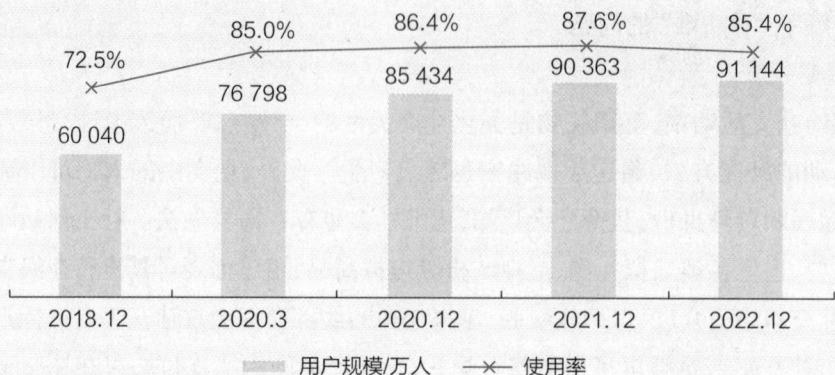

（资料来源：CNNIC 中国互联网络发展状况统计调查）   2022.12

图 3-4 2018.12—2022.12 网络支付用户规模及使用率

　　我国网络支付体系运行平稳,业务稳中有升。数据显示,2022 年前三季度,银行共处理网络支付业务 757.07 亿笔,金额 1 858.38 万亿元,同比分别增长 1.5% 和 6.4%;移动支付业务 1 167.69 亿笔,金额 378.25 万亿元,同比分别增长 7.4% 和 1.1%。

　　网络支付适老化改造持续推进,数字鸿沟进一步弥合。截至 2022 年年末,全国 60 周岁及以上老年人口有 28 004 万人,占总人口的 19.8%;全国 65 周岁及以上老年人口达 20 978 万人,占总人口的 14.9%。随着老龄化程度加深,各支付机构相继开展适老化改造工作,推出老年人专属 App 版本,通过提升安全性、强化新技术应用等方式,满足老年群体的支付服务需求。

　　各大支付机构持续落实降费让利举措,为小微企业纾困减负。自《关于降低小微企业和个体工商户支付手续费的通知》发布以来,银行、支付机构积极响应政策号召,一方面通过降低小微商户支付手续费,助力小微商户降低经营成本、减轻经营压力。如中国人民银行深圳市中心支行积极统筹推动减费让利工作,推动辖内银行、支付机构实施利率优惠、加强线上金融服务等措施,2021 年 9 月至 2022 年 6 月,累计为 630 万户小微企业、个体工商户及 2 060 万户有经营行为的个人减免支付手续费超 36 亿元。另一方面通过面向商家开放支付后场景,持续帮助更多商家提升私域运营效果。

　　数字人民币试点应用和场景建设顺利推进,服务持续升级。一是数字人民币试点应用和场景建设进展顺利。2022 年,数字人民币试点范围两次扩大,截至 2022 年 12 月,全国已有 17 个省份的 26 个地区开展数字人民币试点;各试点地区政府围绕"促进消费""低碳出行"等主题累计开展了近 50 次数字人民币消费红包活动,

电子商务基础与应用

试点场景已涵盖批发零售、餐饮、文旅、政务缴费等多个领域,流通中的数字人民币存量为 136.1 亿元。二是数字人民币 App 产品研发和服务升级持续推进。数字人民币 App 一方面为用户提供了便捷的兑换、支付、钱包管理等服务,并支持线上线下全场景应用;另一方面推出多种形态的硬件钱包,探索软硬融合的产品能力,并针对"无网""无电"等极端情况,研发相应的功能,进一步拓宽使用场景。

（资料来源:中国互联网络信息中心,第 51 次中国互联网络发展状况统计报告. 2023 年 3 月）

第二节　电子商务物流:全产业链下的新物流

电子商务物流既是电子商务交易环节的重要组成部分,也是制约电子商务发展的重要瓶颈。电子商务物流为企业开拓市场、提高效率、减少区域差异等起到了重要作用。

丰 探索驱动

商贸物流高质量发展专项行动计划

2021 年 8 月,商务部、国家发改委等 9 部门联合印发《商贸物流高质量发展专项行动计划(2021—2025 年)》(以下简称《行动计划》),提出到 2025 年,要初步建立畅通高效、协同共享、标准规范、智能绿色、融合开放的现代商贸物流体系,商贸物流标准化、数字化、智能化、绿色化水平显著提高,新模式、新业态加快发展,商贸物流服务质量和效率进一步提升。

《行动计划》提出的一系列措施针对性强、有效性高,有助于我国商贸物流"强基础、补短板",实现高质量发展。《行动计划》提出 12 项重点任务,具体可以分为以下五个方面。

一是健全商贸物流网络,从城乡、区域、国际等维度加强商贸物流网络建设,包括优化网络布局、建设城乡高效配送体系、促进区域商贸物流一体化、建设国际物流网络等。

二是推广应用技术标准,提升商贸物流标准化水平,推广应用现代信息技术,通过标准化、信息化建设,夯实商贸物流高质量发展基础。

三是优化组织方式,发展商贸物流新业态、新模式,提升供应链物流管理水平,加快推进冷链物流发展,健全绿色物流体系,推动业态模式创新,提升商贸物流的组织化、专业化、绿色化水平。

四是提升国际物流效率,畅通国际物流通道,推进跨境通关便利化,不断提升跨境贸易通关效率,充分发挥商贸物流连接境内外市场的作用。

五是培育市场主体,着力培育商贸物流骨干企业,不断提升企业的核心竞争力、品牌影响力和专业服务水平。

一、电子商务物流概述

(一) 电子商务物流

1. 电子商务物流的概念

电子商务物流是指基于电子化、网络化后的信息流、商流、资金流下的物资或服务的配送活动,包括数字化商品(或服务)的网络传送和实体商品(或服务)的物理传送,其包括一系列机械化、自动化工具的应用,准确、及时的物流信息,以及对物流过程的监控等。

2. 电子商务物流的流程

电子商务的重要优势是优化业务流程,降低企业运作成本,而这一优势必须以可靠、高效的物流作为保障。

电子商务的发展及其对相应配送服务体系的要求,大大促进了物流的发展。在企业内部的微观物流流程上,电子商务物流流程与传统商务活动的物流流程是类似的,都具备从进货到配送的物流体系。但电子商务物流的各个环节是借助电子商务平台(包括会员管理、订单管理、商品信息和网站管理等功能)整合的,同时依靠这个平台实现对信息的快速收集、处理、传递、共享,物流作业流程得以与商流、资金流和信息流匹配并形成系统化的管理,电子商务物流的一般业务流程如图3-5所示。而传统商务活动中的物流则更多是围绕企业的价值链与商流、资金流和信息流进行整合,因此是从实现价值链的目的来安排每个配送的环节,相对来说缺乏电子商务平台的信息支持和整合作用。

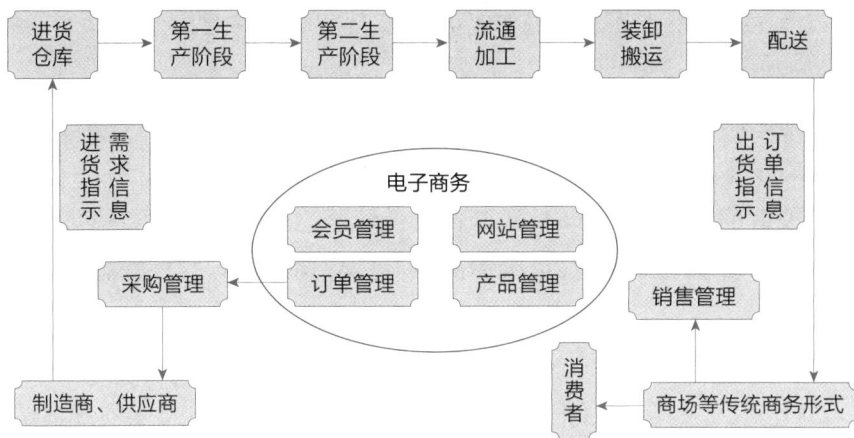

图 3-5 电子商务物流的一般业务流程

（二）智慧物流

智慧物流核心依托"互联网+"技术，以新兴技术为支撑，实现可自动感知识别、可跟踪溯源、可实时应对和可智能优化决策。智慧物流框架结构如图 3-6 所示。

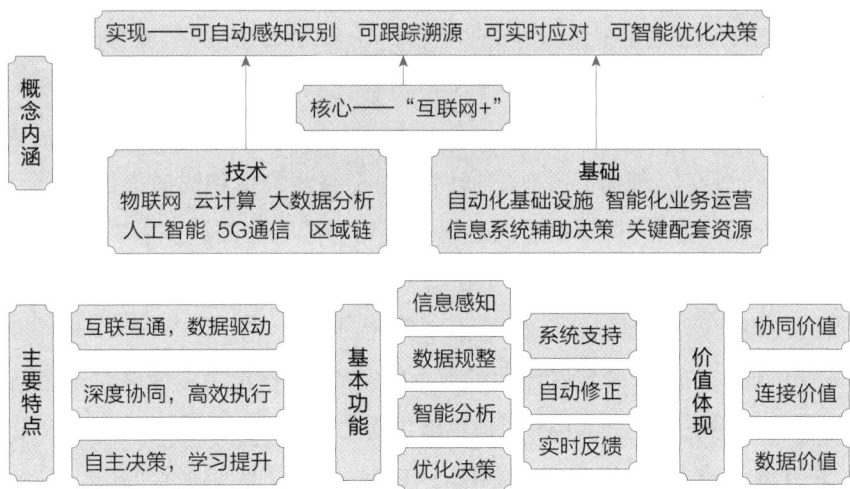

图 3-6 智慧物流框架结构

1. 智慧物流的概念

新兴技术在物流领域中不断被应用，新技术催生新模式，新模式带来新服务，逐渐形成智慧物流新业态。在中华人民共和国国家标准 GB/T 18354—2021《物流术语》中，智慧物流被定义为"以物联网技术为基础，综合运用大数据、云计算、区块链及相关信息技术,通过全面感知、识别、跟踪物流作业状态,实现实时应对、智能优化决策的物流服务系统"。

智慧物流是以"互联网+"为核心,以物联网、云计算、大数据、人工智能、5G通信及区块链等技术为支撑,以物流产业自动化基础设施、智能化业务运营、信息系统辅助决策和关键配套资源为基础,通过物流各环节、各企业的信息系统无缝集成,实现物流全过程可自动感知识别、可跟踪溯源、可实时应对、可智能优化决策的物流业务形态。

2. 智慧物流的主要特点

(1)互联互通,数据驱动。所有物流要素实现互联互通,一切业务实现数字化,实现物流系统全过程透明可溯;一切数据实现业务化,以数据驱动决策与执行,为物流生态系统赋能。

(2)深度协同,高效执行。物流领域跨集团、跨企业、跨组织的深度协同,促进了物流产业生态体系的共生共荣;基于物流系统全局优化的智能算法,调度整个物流系统中各参与方分工协作,促进物流业务高效执行。

(3)自主决策,学习提升。通过机器学习、智能算法的融合应用,促进了物流实现自主决策,推动了物流系统程控化和自动化进程;通过大数据、云计算与人工智能等技术构建物流的"大脑",在感知中决策、在执行中学习、在学习中优化,使物流实际运作不断升级。

3. 智慧物流的价值体现

过去,传统物流在实现物的流动的同时体现了空间价值和时间价值,并且为社会带来了经济活动价值。如今,智慧物流的理念渗透到物流行业的诸多领域中,智能化、自动化的新模式和协同共生的新业态赋予了物流新的价值。对物流行业而言,智慧物流体现了数据价值、连接价值和协同价值,如图3-7所示。

(1)数据价值。在分析智慧物流业务数据的基础上,物流企业能够对物流路线制定、仓储选址、运力调配进行优化,不断调整企业的运营模式和管理模式,降低人工成本,提升企业运营管理的效率;通过收集、积累用户数据,物流企业能够掌握用户需求,提升企业效益和品牌形象。

(2)连接价值。协同共享的理念贯穿智慧物流全过程,打破了企业边界并解决了信息不对称的问题。以物联网、云计算、大数据、人工智能及区块链等技术为助力,充分发挥智慧物流的连接价值:通过运营与物流作业信息实时同步,使物流企业的内外部共同协作,实现管理智能化、信息共享化;物流全体要素在线化推动供应链互联互通,引领智慧物流发展新模式;通过将物流与其他产业融合,实现产业生态网络互联。

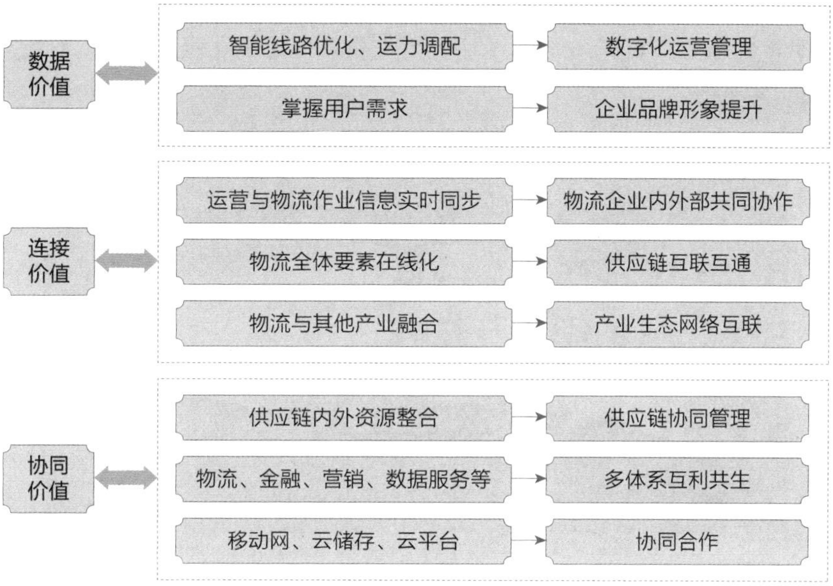

图 3-7 智慧物流的价值体现

（3）协同价值。智慧物流促进物流企业与其他领域中的企业协同共生，通过供应链节点企业及企业间的协同合作（内外资源整合）实现供应链协同管理；物流体系与金融体系、营销体系、数据服务体系等多体系互利共生能够产生巨大的协同作用，助力搭建完整的物流业生态体系；基于云网一体，移动网、云储存、云平台等协同合作新生态成为行业发展的新方向。

探索驱动

京东 L4 级别无人重卡发布

2018 年，京东正式发布了全自主研发的 L4 级别（高度自动驾驶）无人重卡（如图 3-8 所示）。L4 级别无人重卡是地面干线物流实现智慧化转型的关键一步，一旦广泛应用，将改变我国长途运输形态，解决地面干线物流长期存在的速度偏慢、人工成本高、安全隐患大等问题，能够提升干线物流的安全性和便捷性。

该无人重卡长 9 米、高 3.5 米、宽 2.5 米，车厢长度约 14 米。其自动驾驶达到了 L4 级别，这意味着除了某些特殊情况，该无人重卡无须人工驾驶即可自动完成高速行驶、自动转弯、自动避障绕行、紧急制动等绝大多数人工驾驶功能。该无人重卡的车顶、车身有多个激光雷达与摄像头，能对远距离范围内的物体进行检测、跟踪以及距离估算，自行得出结论并执行驾驶行为。同时，该无人重卡还通过结合视觉定位和高精度地图,实现了车辆厘米级定位,使无人重卡具有即使在隧道中也能清晰定位的能力,从而保证驾驶的安全性。

图3-8 京东无人重卡

二、电子商务物流模式

电子商务物流模式一般分为自营物流、第三方物流、物流联盟和第四方物流。

(一) 自营物流

所谓自营物流,即电子商务企业自身投资建设物流的运输工具、储存仓库等基础设施硬件,经营管理企业的整个物流运作过程。

目前采取自营物流的电子商务企业主要有两类:第一类为传统的大型制造企业或批发企业;第二类是资金实力雄厚且业务规模较大的电子商务企业。自营物流体系的核心是建立集物流、商流、信息流于一体的现代化新型物流配送中心,而电子商务企业在自建物流配送中心时,会广泛地利用条形码技术(Barcode)、数据库技术(Database)、电子订货系统(EOS)、电子数据交换(EID)、快速反应(QR)及有效的客户反应(ECR)等信息技术和先进的自动化设施,以使物流中心能够满足电子商务对物流配送提出的各种新要求。

订单未下，物流先行

截至 2022 年 11 月 1 日 20∶00，京东"双 11"实现了"开门红"，全国超千万家庭已经收到京东"双 11"第一单。在过去数年里，这样的"双 11"配送速度是大多数消费者不敢想象的，以往"双 11"收到快递要 3~7 天。如今，依托京东物流，用户可以在 24 小时内收到"双 11"第一单。这样的体验正是源于京东的自营物流体系。

京东自营物流体系，不仅有利于企业监控物流运营过程，还有利于降低交易成本，提高京东的品牌价值，为消费者提供个性化、优质的物流配送服务。京东物流以智能仓为核心，通过大数据预测、算法等，可做到"订单未下，物流先行"。京东平台自营商品在消费者未下单之前就已提前入库。京东平台自营商品的厂家或经销商直接从工厂源头拉货，通过干线物流或支线物流发往京东物流位于各个省市的仓库；厂商与经销商可自行送货，也可向京东物流预约上门揽收的"头程运输服务"。

（二）第三方物流

在中华人民共和国国家标准 GB/T 18354—2021《物流术语》中，第三方物流是指"由独立于物流服务供需双方之外且以物流服务为主营业务的组织提供物流服务的模式"。在实践中，第三方物流也称作委外物流或是合约物流，是指一个具有实质性资产的企业公司对其他公司提供物流相关服务，如运输、仓储、存货管理、订单管理、资讯整合及附加价值等服务，或与相关物流服务的行业者合作，提供更完整服务的专业物流公司。如顺丰、圆通、中通等都属于第三方物流模式。

第三方物流对企业来说意义重大。首先，使用第三方物流能够减少企业自营物流的固定资产投资。其次，把物流业务交给专业公司承包，能够通过方案设计，整合优化原有物流系统，减少不必要费用。最后，对于目前市场上科技研发投入日益提升的企业来说，在提高核心业务投入的同时也在考虑如何最大限度地减少非核心业务的成本投入，而将非核心的物流业务进行外包是一种削减成本的较为理想的方式。

（三）物流联盟

在中华人民共和国国家标准 GB/T 18354—2021《物流术语》中，物流联盟是指"两个或两个以上的经济组织为实现特定的物流目标而形成的长期联合与合作的组织形式"。在实践中,物流联盟是介于独立的企业与市场交易关系之间的一种组织形态,是物流需求方即各种生产制造企业、商贸流通企业和物流企业间由于自身某些方面发展的需要而形成的相对稳定的、长期的契约关系。

◆ **网络探索**

查询物流联盟相关资料,结合自己的理解,分析物流联盟模式是怎样运作的。

(四) 第四方物流

第四方物流专门为第一方、第二方和第三方物流提供物流规划、咨询、物流信息系统和供应链管理等服务。第四方物流并不承担具体的物流运作活动,而是通过拥有的信息技术、整合能力及其他资源提供一套完整的供应链解决方案,帮助企业实现降低成本和有效整合资源,并且依靠第三方物流供应商、技术供应商、管理咨询商以及其他增值服务商,为客户提供独特和广泛的供应链解决方案,如菜鸟网络。

◆ **主题讨论**

用列表比较的形式讨论四种物流模式的优缺点。

◆ **特色引领**

阿里巴巴推动中国智能物流骨干网建设

2013年5月,阿里巴巴集团联合银泰集团、复星集团、富春控股集团、顺丰速运、"三通一达"(申通、圆通、中通、韵达快递)、宅急送、汇通,以及相关金融机构共同启动"中国智能物流骨干网"项目,专注于物流网络的平台服务,通过大数据、智能技术和高效协同,阿里巴巴与合作伙伴一起搭建全球性物流网络,提高物流效率,加快商家库存周转,降低社会物流成本,提升消费者的物流体验。中国智能物流骨干网以数据驱动、高效协同、连接未来为愿景,打造数据驱动和社会化协同的智慧物流平台。

三、我国电子商务物流发展趋势

(一) 建设支撑电子商务发展的物流网络体系

围绕电子商务需求,构建统筹城乡、覆盖全国、连接世界的电商物流体系。依托全国物流节点城市、全国流通节点城市和国家电子商务示范城市,完善优化全国和区域电商物流布局。根据城市规划,加强分拨中心、配送中心和末端网点建设。探索"电商产业园 + 物流园"融合发展新模式,加强城际运输与城市配送的无缝对接,推动仓配一体化和共同配送,发展多式联运、甩挂运输、标准托盘循环共用等高效物流运作系统。

(二) 提高电子商务物流标准化水平

在快速消费品、农副产品、药品流通等领域,重点围绕托盘、商品包装和服务及交易流程,做好相关标准的制订、修订和应用推广工作。形成以托盘标准为核心,与货架、周转箱、托盘笼、自提货柜等仓储配送设施,以及公路、铁路、航空等交通运输载具的标准相互衔接贯通的电商物流标准体系。

(三) 提高电子商务物流信息化水平

推动大数据、云计算、物联网、移动互联、二维码、RFID、智能分拣系统、物流优化和导航集成系统等新兴信息技术和装备在电商物流领域的应用。重点提升物流设施设备智能化水平、物流作业单元化水平、物流流程标准化水平、物流交易服务数据化水平、物流过程可视化水平。引导发展智慧化物流园区(基地),推动建立深度感知的仓储管理系统、高效便捷的末端配送网络、科学有序的物流分拨调配系统和互联互通的物流信息服务平台。鼓励和支持电商物流企业利用信息化、智能化手段,加强技术和商业模式创新,推动电子商务与物流的融合发展和良性互动。

(四) 推动电子商务物流企业集约绿色发展

鼓励传统物流企业充分利用既有物流设施,通过升级改造增强集成服务能力,加快向第三方电商物流企业转型;鼓励电商企业和生产企业将自营物流向外部开放,发展社会化第三方物流服务;支持具有较强资源整合能力的第四方电商物流企业加快发展,更好地整合利用社会分散的运输、仓储、配送等物流资源,带动广大中小企业集约发展;支持电商物流企业推广使用新能源技术,减少碳排放和资源消耗,利用配送渠道回收包装物,发展逆向物流体系。

（五）加快中小城市和农村电商物流发展

积极推进电商物流渠道下沉,支持电商物流企业向中小城市和农村延伸服务网络。结合农村产业特点,推动物流企业深化与各类涉农机构和企业合作,培育新型农村电商物流主体。充分利用"万村千乡"、邮政等现有物流渠道资源,结合电子商务进农村、信息进村入户、快递"向西向下"服务拓展工程、农村扶贫等工作,构建质优价廉产品流入、特色农产品流出的快捷渠道,形成"布局合理、双向高效、种类丰富、服务便利"的农村电商物流服务体系。

❖ 探索驱动

加快贯通县乡村电子商务体系和快递物流配送体系建设

2022年5月18日,商务部、国家邮政局等八部门发布《关于加快贯通县乡村电子商务体系和快递物流配送体系有关工作的通知》。通知表示,发展农村电子商务和快递物流配送是促进城乡生产和消费有效衔接的重要举措,是全面推进乡村振兴、构建新发展格局的客观要求。通知明确,将升级改造一批县级物流配送中心,促进县域快递物流资源整合,建设一批农村电商快递协同发展示范区。农村电子商务、快递物流配送覆盖面进一步扩大。

（六）加快民生领域的电商物流发展

支持电商物流企业与连锁实体商店、餐饮企业、社区服务组织、机关院校等开展商品体验、一站式购物、末端配送整合等多种形式的合作。加快以鲜活农产品、食品为主的电子商务冷链物流发展,依托先进设备和信息化技术手段,构建电子商务全程冷链物流体系。支持医药生产和经销企业开展网上招标和统一采购,按照《药品经营质量管理规范》的要求,构建服务医药电子商务的网络化、规范化和定制化的全程冷链及可追溯物流体系,确保药品安全。

（七）构建开放共享的跨境电商物流体系

加快发展国际物流和保税物流,构筑立足周边、辐射"一带一路"沿线国家和地区、面向全球的跨境电商物流体系。鼓励有实力的电商物流企业实施国际化发展战略,通过自建、合作、并购等方式延伸服务网络,实现与发达国家重要城市的网络连接,并逐步开辟与主要发展中国家的快递专线。支持优势电商物流企业加强联合,在条件成熟的国家和地区部署海外物流基地和仓配中心。促进国内外企业在战略、技术、产品、数据、服务等方面的交流与合作,共同开发国际电商物流市场。

◈ 行业亮点

物流海外仓,提升外贸企业竞争力

物流海外仓的设立,直接拉近了中国卖家与国外客户的距离,带动中国商品的海外营销,有效提升了中国制造的全球竞争力。

以简诺电动平衡车海外销售为例。自 2019 年 6 月西班牙海外仓启用以来,该产品的整体备货成本下降了 15%,单个货品物流成本下降了约 20%,配送周期由跨境发货 45 天送达缩短至现在西班牙本地 24 小时送达,泛欧地区 5~7 天送达,经销商业绩也增长了 3 倍以上。

总部位于宁波的遨森电商,主营室内居家、户外藤编、运动健身、婴童用品、宠物用品等产品。依托"跨境电商 + 海外仓"模式,仅 2021 年前三季度,就实现净利润 2.486 亿元,同比增长 1 936.4%。

当前形势下,海外仓在稳定畅通产业链供应链方面积极发挥了调节作用。此外,一些中国电商企业通过搭建海外仓,帮助所在国家的中小电商企业加快发展。

海外仓成为跨境电商发展的重要环节和服务支撑。未来,海外仓将在信息化建设、智能化发展、多元化服务、本地化经营等方面深入探索,助力中国产品更好走向全球市场。

◈ 视野拓展

物流一体化

所谓"物流一体化",就是以物流系统为核心,由生产企业、物流企业、销售企业直至消费者的整条供应链的整体化和系统化。它是物流业发展的高级和成熟阶段。只有当物流业高度发达,物流系统日趋完善,物流业成为社会生产链条的领导者和协调者时,才能够为社会提供全方位的物流服务。

物流一体化的发展可分为三个层次:物流自身一体化、微观物流一体化和宏观物流一体化。

物流自身一体化是指物流系统的观念逐渐确立,运输、仓储和其他物流要素趋向完备,子系统协调运作,系统化发展。

微观物流一体化是指市场主体企业将物流提高到企业战略的地位,并且出现了以物流战略作为纽带的企业联盟。

宏观物流一体化是指物流业发展到这种水平:物流业占国民总收入的一定比例,处于社会经济生活的主导地位。它使跨国公司从内部职能专业化和国际分工程度的提高中获得规模经济效益。

物流一体化是物流产业化的发展形式,它必须以第三方物流的充分发育和完善为基础。物流一体化的实质是物流管理问题,即专业化物流管理人员和技术人员,充分利用专业化物流设备设施,发挥专业化物流运作的管理经验,以取得整体最优的效果。同时,物流一体化的趋势为第三方物流的发展提供了良好的发展环境和巨大的市场需求。

第三节　电子商务技术:创新驱动发展

随着人类向信息社会迈进的步伐不断加快,电子商务成为一个充满机遇和挑战的新领域,计算机网络技术、Web 开发技术及不断迭代的电子商务新技术等是电子商务得以实现的基本条件,也是保证电子商务活动顺利进行的前提。

一、计算机网络技术

电子商务技术:创新驱动发展

计算机网络技术是电子商务最重要的支撑技术之一,对电子商务正常、稳定的运营及深层次发展起着决定性作用。

(一) 计算机网络的概念

计算机网络是指将地理位置不同、具有独立功能的多台计算机及其外部设备通过通信线路连接起来,在网络操作系统、网络管理软件及网络通信协议的管理和协调下,实现资源共享和信息传递的计算机系统。

1985 年,美国国家科学基金会(National Science Foundation,NSF)建立了用于科学

研究和教育的骨干网络 NSFnet。1990 年,NSFnet 成为美国国家骨干网,并且向全世界范围扩展,被命名为 Internet。从此,网上电子邮件、文件的下载和消息传输受到越来越多人的欢迎并被广泛使用。20 世纪 90 年代后期,Internet 以惊人的速度发展,进入 21 世纪以来,计算机网络的发展主要体现在住宅宽带接入 Internet、无线连接 Internet 和无线局域网、对等网等方面。

(二) 计算机网络的功能

计算机网络的功能主要有资源共享、数据通信、分布式处理等。

1. 资源共享

资源共享使网上的各个用户在正常的权限范围内都可以很方便地使用网络中各计算机上所提供的共享软件、数据和硬件设备,而且不受时间、地理位置的限制。例如,用户既可以使用网上的数据库,也可以使用网上大容量磁盘存储器存放信息等。

2. 数据通信

数据通信是计算机网络最基本的功能,使不同地理位置的用户可以及时、快速、高质量、低成本地交流信息。根据需要可以对这些数据信息进行分散、分组、集中管理或处理。

3. 分布式处理

分布式处理是指用户可以根据问题的性质,选择网络内最合适的资源来处理,使问题得到快速而经济的解决。对综合性的大型问题可采用合适的算法,将任务分散到不同的计算机进行分布处理。利用网络技术,还可以将许多小型机或微型机连成具有高性能的分布式计算机系统,使它们具有解决复杂问题的能力,从而使得小型机或微型机的用户可以享受大型机的优势。

(三) 计算机网络协议和网络体系结构

计算机网络协议就是实体控制数据交换规则的集合,是网络之间互相通信的技术标准。为使各个计算机之间或者计算机与终端之间能正确地传递信息,必须在有关信息传输顺序、信息格式和信息内容等方面有一组约定或规则,这组约定或规则就是网络协议,是被公认且必须遵照执行的"共同语言"。

网络体系结构是网络系统中各个组成部分及其相互间的关系,采用层次配对结构,描述了一组用于规范网络设备间进行互联的标准和规则。分层的目的在于将一个问题的复杂性弱化,这是因为任何网络系统都会涉及一整套复杂的协议集,而协议又是保证计算机之间有条不紊地进行数据交换的前提和基础。为完成计算机间的通信合作,就需要把每个计算机互联的功能划分为定义明确的层次,这些同层次间的通信协议及相邻层间的接口统称为网络体系结构,即网络层次结构模型与各层协议的集合。

(四) Internet 服务

常用的 Internet 服务有电子邮件服务、远程登录服务和即时通信服务等。

1. 电子邮件服务

电子邮件服务是在网络上以电子化的手段传递信息,从而达到传递邮件的功能。通过电子邮件系统,用户可以以低廉的价格和快捷的方式与世界上任何一个地方的网络用户联系。电子邮件系统不但可以传输各种文字和各种格式的文本信息,还可以传输图片、音频和视频等多种信息。

2. 远程登录服务

远程登录服务使用户的计算机变成网络上另一台计算机的远程终端。只要用户有计算机的账号和口令,就可登录、使用该计算机的各种资源。远程登录服务可以实现本地用户与远程计算机上运行程序的相互交互,用户可以利用个人计算机去完成许多只有大型机才能完成的任务。

3. 即时通信服务

即时通信软件是基于互联网的即时交流信息的软件,即时通信服务是一种终端服务,允许两人或多人使用网络即时传递文字信息、文件,或者进行语音与视频交流。按使用用途不同,即时通信服务可分为企业即时通信服务和个人即时通信服务;根据装载对象不同,即时通信服务可分为移动端即时通信服务和 PC 端即时通信服务。即时通信服务的新发展是由 PC 端即时通信向移动端即时通信转移。

二、Web 开发技术

Web 是 WWW(World Wide Web)的简称,是建立在互联网基础上的应用技术,主要由 Web 服务器、Web 浏览器,以及一系列协议和约定组成,采用图形界面,融网络技术、超文本技术及多媒体技术为一体的信息服务系统。

(一) Web 应用系统模式

常见的 Web 应用系统模式有 C/S 模式、B/S 模式和混合模式。

1. C/S 模式

C/S 模式,又称为客户机 / 服务器(Client/Server,C/S)模式,是软件系统体系结构的

电子商务基础与应用

一种。对 C/S 模式的简单理解就是基于企业内部网络的应用系统。

2. B/S 模式

B/S 模式是随着 Internet 技术的兴起,对 C/S 模式应用的扩展。在这种结构下,用户工作界面是通过网络浏览器来实现的。B/S 模式的优势是运行维护比较简便,能实现不同的人员、从不同的地点、以不同的接入方式访问和操作共同的数据;最大的缺点是对企业外网环境的依赖性太强,由于各种原因引起的企业外网中断都会造成系统瘫痪。

3. 混合模式

混合模式(Client/Browser/Server,C/B/S)是利用 C/S 模式、B/S 模式不同的优点来架构企业应用系统,即利用 C/S 模式的高可靠性来架构企业应用,利用 B/S 模式的广泛性来架构服务或延伸企业应用。

(二)网络标记语言

1. 超文本标记语言

超文本标记语言(Hyper Text Markup Language,HTML)是互联网上通用的描述语言,是设计网页的基础语言。HTML 是可供浏览器解释浏览的文件格式,可以使用记事本、写字板、Edit Plus 等编辑工具来编写 HTML 文件,其扩展名为 .htm 或 .html。HTML 使用标记对的方法编写文件,既简单又方便,通常使用 < 标记名 ></ 标记名 > 来表示标记的开始和结束。

2. 可扩展标记语言

可扩展标记语言(Extensible Markup Language,XML)是标准通用标记语言(Standard Generalized Markup Language,SGML)的子集,是一种用于标记电子文件使其具有结构性的标记语言,允许用户对自己的标记语言进行定义,可以用来标记数据、定义数据类型,提供统一的方法来描述和交换独立于应用程序或供应商的结构化数据,非常适合互联网传输。

(三)系统开发技术

1. 层叠样式表单

层叠样式表单(Cascading Style Sheets,CSS)是用于控制网页样式并允许将样式信息与网页内容分离的一种标记性语言。CSS 的引入就是为了使 HTML 语言能够更好地适应页面的美工设计。借助 CSS 的强大功能,网页将会表现出千变万化,丰富多彩的形态。使用 CSS 控制页面有四种方法:行内样式、链接式、内嵌式和导入式。

2. JavaScript 语言

JavaScript 是一种以对象和事件驱动并具有安全性能的脚本语言。JavaScript 可使网页变得更加生动。使用它的目的是与超文本标记语言、Java 脚本语言一起实现在一个网页中链接多个对象，与网络客户交互作用，从而可以开发客户端的应用程序。它是通过在标准 HTML 语言中嵌入或调入来实现的。JavaScript 具有简单性、动态性、跨平台性和节省交互时间等优点。

三、电子商务新技术

（一）5G 通信技术

5G 通信技术是指第五代移动通信技术，是具有高速率、低时延和大连接特点的新一代宽带移动通信技术，是实现人机物互联的网络基础设施。

◈ 主题讨论

查阅电子商务新技术相关应用知识，并结合生活中的应用，说说你了解的电子商务新技术给人们生活带来的变化有哪些。

---

1. 5G 通信技术的优势

（1）网络速度提升。人们对于 5G 网络优势的第一印象就是网速变得更快，5G 的下载速度比 4G 网络要高出百倍，最快可以达到 10GB/s。举例来说，一部时长为一个小时、清晰度为 1 080P 的电影，它的数据量大约是 10GB。如果用 4G 网络来下载，大约需要 100 多秒；如果用 5G 网络，那么只需要一秒钟就可以下载完毕。

（2）通信功耗降低。通信功耗指的是通信设备功率方面的损耗，通信功耗会直接影响通信设备的价值。如何使手机功耗降低、延长手机的使用时间，是各大手机厂商与用户非常关心的问题。

5G 通信技术可以通过长期演进（Long Term Evolution，LTE）系统技术的优化来解决或改善功耗问题。在理想的 5G 功耗场景中，如果互联网产品可以实现以周、月等时间单位作为间隔周期来充电，用户在使用产品时就会感到更加方便，且能够支持用户实现更多在传统技术时代无法完成的操作。

（3）网络时延缩短。网络时延和网速的有利调整都能改善人们的通信质量，不过二者发挥的作用是不一样的。比如无人驾驶系统，对于 5G 低时延的要求是非常严格的，

电子商务基础与应用

无人驾驶汽车脱离了人的实际操纵,会更依赖于信息之间的交互效率,汽车要对行驶过程中的路线、障碍等做出反应,就必须及时接收控制中心的信息。

（4）智能系统覆盖。5G网络的智能系统覆盖不仅是指广义上的范围,还包括对某些设备、领域的智能化应用,比如当下的无人机、无人汽车等应用。

（5）安全性能更强。5G拥有身份验证流程,可以对用户的身份进行加密处理,防止用户信息被泄露。而且5G的网络切片技术可以更加灵活地使每个切片场景都进行安全隔离,进一步保障了用户的网络安全。

（6）商业市场开拓。5G互联网具备较高的商业价值,无论是针对普通用户还是商家,5G在引领潮流、应用推广、市场开拓等方面的优势都非常明显。

2. 5G通信技术促进电子商务创新

（1）满足消费者个性化消费需求。在5G网络中,电子商务推动供应链变革,对工业生产进行智能改造。企业利用人工智能等高新技术进行智能生产改造,实现个性化的柔性生产,以此来满足消费者个性化消费需求。同时,5G赋能大数据技术,利用大数据技术,生产企业可以对物联网设备产生的海量用户互动数据、企业销售情况、目标客户行为等进行分析,预测用户需求,按市场所需投入生产,电子商务企业根据用户需求向供应商采购原料或产成品。在未来,企业利用用户数据向用户提供更加精细的个性化商品会成为一种趋势。

（2）消费者体验感升级。5G通信技术的出现开启了万物互联的新时代,"物"的应用场景与消费场景的新融合使消费者能够更加轻松地了解更多关于商品的信息,得到更加迅速、及时且正确的客户咨询服务。电子商务平台也能够更加精准地推荐消费者想要的商品,改善消费者的购物体验。

消费者如果能更为直观地了解到商品的信息,就容易判别这种商品是否适合自己,也会使消费者对电子商务平台和店铺更加信任,提高商品销量。近年来,VR/AR（虚拟现实／增强现实）技术被淘宝、京东等电子商务平台应用,其目的是为消费者带来更好的沉浸式购物体验,而5G通信技术能为VR/AR设备带来更好的优化效果。借助VR/AR技术,电子商务平台以3D的方式将商品与现实场景结合,给消费者更为直观、逼真的商品信息,让消费者身临其境般体验虚拟的购物环境,提高其购物体验。

（二）大数据技术

大数据技术是指基于社会的进步与经济、科技的快速发展,对人们生产生活中产生的大量数据信息有效并及时地处理分析的一种技术,具有数据量大、数据种类繁多、价值密度高、处理速度快等主要特征。近年来,大数据技术被广泛应用于经济领域,成为社会发展的一种重要标志。在电子商务服务模式创新和升级中,结合大数据特点,运用相关技术深入革新电子商务服务模式,将更有利于电子商务长远平稳地发展。

1. 大数据时代下电子商务特点

在大数据时代,电子商务的经营模式发生了很大的变化,由传统的管理化运营模式变为以信息为主体的数据化运营模式,电子商务的管理变得数据化,并且数据化贯穿于电子商务的全过程,小到基础材料的采购,大到资产运行及订单的完成,电子商务通过对大数据分析技术的运用,一方面能够对消费者的消费习惯及消费心理进行归纳、分析与预测,从而对电商产品的市场调度及供需结构进行一系列的建议指导,降低电商生产成本,提高效益;另一方面,在电商的经营中,大数据时代的到来使整个电商行业的信息资源共享变得方便快捷。电子商务的各环节能够有效利用大数据的整合处理技术,在整个供应链中实现各种数据信息的即时共享,从而更精准地满足消费者需求,促进产品销售,实现电子商务企业的产业结构转型优化与完善。电子商务模式下产生的数据资源不仅可以为自己所用,也可以为其他电子商务企业创造相应的商业利益。各电子商务企业利用数据信息开发数据分析业务、提供数据可视化服务并共享数据资源等,扩展电子商务经营渠道,为企业增加效益。

2. 大数据时代电子商务服务模式创新

(1)增强导购中数据化利用。大数据技术不仅为企业带来相应的利益,也方便了人们的生活。大数据真实记录了基于电子商务的消费者的消费习惯与消费倾向。在电子商务服务模式革新中,充分利用大数据带给企业的信息资源,整合每个消费者的消费习惯,能够提升电子商务导购体验,提高数字化利用效果。在电子商务平台对用户的消费过程进行查看,通过整合消费者的消费记录,依据消费者的消费习惯,经过一定的分析处理,可以为消费者提供性价比更高、更符合消费者需求的产品,最大限度地促进消费,提高电子商务企业的效益。

(2)促进服务模式垂直细分。电子商务企业根据其自身特征,利用大数据产生的信息与有利资源,对电子商务服务模式进行相应的垂直细分。各个电子商务企业根据自身特点整合各方面需求,开辟符合企业自身发展的新领域。一些小型电商服务平台想要在竞争激烈的环境下寻求发展,就必须在细节上入手,创建属于自己的有针对性的某个电商领域的服务模式,将电子商务服务做精做深,从而在众多电子商务服务平台中脱颖而出。

(3)创新服务更加符合消费者需求。在大数据时代背景下,数据信息的提炼与整理为电子商务的服务模式创新带来了新的机遇,将大数据分析出的结果应用于电商平台销售的各个环节,对消费者在消费过程中产生的数据进行分析,研发更加适合某个消费群体的个性化电商服务模式,充分利用网络资源与电子商务平台社交功能,通过各种渠道全面掌握消费者信息,从而革新电子商务服务模式,引领消费者的消费理念,促进电子商务的新发展。

(三) 云计算

云计算的核心思想是将主要计算设备和存储设备等资源打造为一种资源池,是一种利用互联网实现随时随地、按需、便捷地使用共享计算设施、存储设备、应用程序等资源的信息服务模式。

1. 云计算的优点

(1) 云计算帮助中小企业降低基础设施建设成本。云计算为电子商务提供了具有自我维护和管理功能的虚拟计算资源,即大型服务器集群,电子商务企业可以利用云的计算能力来补充或取代电子商务自身企业内部的计算资源。

(2) 云计算服务中心具有更高的计算与存储性能。由于云计算的应用程序是在服务器上而不是客户端上运行,而云中的存储容量几乎是无限的,所以对云客户端的硬件要求非常低,只需要更少的内存、容量较小的硬盘就可以。

(3) 云计算使得电子商务企业之间和企业内部的信息共享与协作更加方便。电子商务企业可以利用云计算进行项目合作上的密切协作,企业项目成员可以随时随地通过云查看项目的主文件、项目任务和项目进展情况,实现了不同企业和企业内部数据的应用共享。

2. 云计算对电子商务的促进作用

(1) 云计算使得企业电子商务应用的安全性得到改善。由于企业规模不断扩大,企业积累的信息资源也越来越多。随着互联网的迅速发展,企业各类数据也要得到有效存储,但与此同时,计算机病毒和黑客的攻击也随之而来,进而严重威胁企业数据存储的安全,这使得企业在信息安全上的投入也越来越大。而随着云计算在企业中的应用,企业可以将数据都存储在云端,由云服务提供专业、高效、安全的数据存储服务,从而使得企业不必再担心由于各种安全问题导致企业的重要数据丢失或被窃取。

(2) 云计算使得企业电子商务应用的专业性和灵活性得到改善。云计算为企业提供了经济、可靠、专业的电子商务系统,软件即服务(SaaS)是云计算提供的一种服务类型,它将软件作为一种服务来提供给客户。作为客户端的企业可以更方便高效地使用云计算提供的各种服务,此时只需要安装网络浏览器即可。

(3) 云计算具有超强的数据处理能力。云计算通过一定的调度策略,可以联合数万乃至百万的普通计算机,为用户提供超强的计算处理能力,使用户能够完成以往通过单台计算机设备难以完成的任务。当提交一个数据请求时,云计算模式将根据用户需求调用云中众多的计算资源,以提供强大的数据处理能力。

(4)云计算为电子商务应用实现更好的经济效益。企业构建电子商务系统,必须配备大量的计算机和网络设备,随着设备不断地更新换代,企业为了满足更多新的商务需求,还必须定期更换计算机和网络设备。企业构建电子商务系统需要投入很高的成本,并且后期需要专业人员、花费较高的费用进行维护。云计算在电子商务中的应用,能够有效减少企业电子商务系统的构建成本,节省了后期的维护和人力支出成本。

❖ 特色引领

"云上奥运"打造全新技术标准

从平昌冬奥会的首次亮相,到东京奥运会转播云首次运行,再到北京"云上奥运"成功举办,中国云计算不负所望,一次又一次展现出了强大的实力。

在2022年北京冬奥会上,中国代表团创造了史上最佳成绩,被载入史册。而同样被载入史册的还有中国云计算在这场国际盛会上留下的那些"高光时刻"。比如,包括赛事系统、运动会管理系统、组织协同系统等在内的冬奥会核心系统实现100%上云,大大降低IT基础设施成本、缩短应用开发和部署周期;全程6 000多个小时、4K/8K赛事转播,电视网络高清直播信号全量上云,转播工作人员减少40%、网络延迟下降30%;大量可以"开箱即用"的云原生产品与技术的应用,支撑冬奥会票务、轻应用、新闻发布平台、数据交换与共享平台、人员抵离系统和约车出行系统等业务场景,让用户体验大幅提升;位于张北的冬奥会云数据中心通过自然风冷、浸没式液冷、智能调温等技术,实现100%无机械制冷,将热能耗降低至70%以上,让北京冬奥会成就史上"含绿量"之最。此外,还有Cloud Me全息舱、数字人"冬冬"等的出现,让更多人能够直观感受到首届"云上奥运"带来的满满科技感与新鲜感。北京冬奥会以前所未有的数字化水平,为奥运会留下了一套全新的技术标准,并不断将之推向新的高度。

近年来,中国云计算技术正在以突飞猛进之势赶超国际"一流"。国内云计算骨干企业在大规模并发处理、海量数据存储等关键核心技术和容器、微服务等新兴领域不断取得突破,部分指标已达到国际先进水平。

(四)人工智能

随着人工智能技术的发展,电子商务正在以前所未有的速度蓬勃发展,将消费者体验提高到一个新的水平。

1. 人工智能技术的内涵

电子商务领域的人工智能技术集中于计算机视觉技术、自然语言处理技术和强化学习技术等方面。

(1) 计算机视觉技术。在电子商务平台购物的过程中，产品图片的影响至关重要。无论是商家想要借助算法去设计产品的海报，还是根据消费者对于产品外观的品位推荐搭配的产品，计算机视觉技术的应用前景都非常广阔。

(2) 自然语言处理技术。在用户搜索关键词时，为了更好地让用户找到匹配的商品，电子商务平台的搜索和排序算法中利用了大量的自然语言处理技术来分析搜索的关键词和产品的文字介绍，尤其是针对突然出现并畅销的爆款产品，传统的排序算法对此无法快速做出应对，自然语言技术能够更好地帮助客户找到他们想要寻找的商品。

(3) 强化学习技术。电子商务领域的一个重要指标是转化率，比如搜索的转化率、页面浏览的转化率、商品排序的转化率等。为了提升转化率指标，许多大的电商平台借助强化学习技术来预测用户针对网页的反馈行为，从而更好地优化搜索和产品页面的排序。

2. 人工智能技术应用场景

人工智能技术在电子商务领域的应用场景主要包括产品搜索、动态定价、欺诈风险控制等方面。

(1) 产品搜索。产品搜索是电商领域非常高频且重要的用户行为，一方面，用户为了找到心仪的商品，会通过关键词甚至实物图片进行搜索，其中关键词搜索和商品匹配涉及自然语言处理技术，而"以图搜图"的商品图片搜索依赖于计算机视觉技术。另一方面，在搜索结果的排序上，如阿里巴巴等大型电商平台也会基于强化学习技术进行排序优化。除了搜索，用户也会通过浏览网站的页面去挑选产品，因此，电商平台通常会推出诸如"猜你喜欢""相关产品"或者"别人也在看"等功能来向用户推荐更多相关的产品。这些结果都是基于机器学习算法学习用户过往的浏览和购买行为，从而个性化地推荐相关的产品。

(2) 动态定价。市场的供需关系总是在动态变化的，而基于供需关系的定价也会受到影响，电商企业只有根据实时的库存、用户购买的需求之间的平衡进行价格的调整，才能使自己的利益最大化。基于这一需求，许多电商平台会基于机器学习算法和自身的数据进行动态的商品定价，从而实时针对现在甚至未来的供需关系进行商品价格调整。

"大数据杀熟"被列为禁止

"大数据杀熟",是指同样的商品或服务,老客户看到的价格反而比新客户要贵出许多的现象。"大数据杀熟"一度成为社会生活中的流行语。

2020年8月20日,文化和旅游部发布了《在线旅游经营服务管理暂行规定》,自2020年10月1日起施行。该规定明确在线旅游经营者不得滥用大数据分析等技术手段,侵犯旅游者合法权益。2021年2月7日,国务院反垄断委员会发布《关于平台经济领域的反垄断指南》,对消费者反映较多的"大数据杀熟"等问题作出专门规定。2021年4月13日,市场监管总局会同中央网信办、税务总局召开互联网平台企业行政指导会。会议指出,"大数据杀熟"问题必须严肃整治。2021年11月1日,《中华人民共和国个人信息保护法》正式施行,对禁止"大数据杀熟"等内容作出规定。2022年3月1日起施行的《互联网信息服务算法推荐管理规定》则规范了通过算法技术向用户提供信息的行为,为算法推荐服务提供者划定了明确的法律界线。

"大数据杀熟"相关规定的出台真正保护了消费者权益,在保护用户的知情权、选择权、拒绝权、救济权上提出了明确要求,使大数据等新技术不被滥用、错用和歪用。

(3) 欺诈风险控制。电商平台是信用卡盗刷的重灾区,而信用卡盗刷和欺诈对于电商平台的稳定运作产生了恶劣的影响。盗刷者会递交大量的虚假订单,然后通过取消退款的方式获得现金,电商平台通过机器学习技术可以预测和判断欺诈性的信用卡交易,及时阻止交易发生,从而控制平台上的风险。

《中华人民共和国反电信网络诈骗法》施行

近年来,随着网络购物、电子商务等线上交易的增长,各种欺诈方式也发生了线上化的转移。网络欺诈者的攻击目标是使用网络数字渠道进行购物、娱乐和网上银行活动的消费者。

针对这一乱象,《中华人民共和国反电信网络诈骗法》已由中华人民共和国第十三届全国人民代表大会常务委员会第三十六次会议于2022年9月2日通过,自2022年12月1日起施行。

《中华人民共和国反电信网络诈骗法》共有7章50条,统筹发展和安全,立足各环节、全链条防范治理电信网络诈骗,精准发力,为预防、遏制和惩治电信网络诈骗活动,加强反电信网络诈骗工作,保护公民和组织的合法权益,维护社会稳定和国家安全提供有力法律支撑。

电信网络诈骗分子实施诈骗活动,离不开金融、通信、互联网等业务,他们利用这些技术和服务实施骗术、转移资金等,钻行业管理漏洞,采取各种包装手法逃避打击。党的二十大报告指出:"必须更好发挥法治固根本、稳预期、利长远的保障作用,在法治轨道上全面建设社会主义现代化国家。"《中华人民共和国反电信网络诈骗法》对通信、互联网、金融有详细的治理规定,通过加强对电话卡、银行卡、互联网账号管理,覆盖电信网络诈骗发生的信息链、资金链、技术链、人员链,从源头上防范电信网络诈骗。

(五) 区块链技术

1. 区块链技术的定义

狭义的区块链技术是按照时间顺序,将数据区块以顺序相连的方式组合而成的链式数据结构,并以密码学方式保证的不可篡改和不可伪造的分布式账本。

广义的区块链技术是利用块链式数据结构验证与存储数据,利用分布式节点共识算法生成和更新数据,利用密码学的方式保证数据传输和访问的安全,利用由自动化脚本代码组成的智能合约编程和操作数据的全新分布式基础架构与计算范式。

2. 区块链的作用和特点

区块链是由一个又一个区块组成的链条,每一个区块中保存了一定的信息,它们按照各自产生的时间顺序连接成链条。这个链条被保存在所有的服务器中,只要整个系统中有一台服务器可以工作,整条区块链就是安全的。这些服务器在区块链系统中被称为节点,它们为整个区块链系统提供存储空间和算法支持。如果要修改区块链中的信息,必须征得半数以上节点的同意并修改所有节点中的信息,而这些节点通常掌握在不同的主体手中,因此,篡改区块链中的信息是一件极其困难的事。

相比于传统的网络,区块链具有两大核心特点:一是数据难以篡改,二是去中心化。基于这两个特点,区块链所记录的信息更加真实可靠,可以帮助企业解决互不信任的问题。

元 宇 宙

元宇宙（Metaverse）是利用科技手段进行连接与创造的、与现实世界映射与交互的虚拟世界，具备新型社会体系的数字生活空间。

元宇宙本质上是对现实世界的虚拟化和数字化，需要对内容生产、经济系统、用户体验及实体世界内容等进行大量改造。元宇宙的发展是循序渐进的，是在共享的基础设施、标准及协议的支撑下，由众多工具、平台不断融合、进化而最终成形的。元宇宙基于扩展现实技术提供沉浸式体验，基于数字孪生技术生成现实世界的镜像，基于区块链技术搭建经济体系，将虚拟世界与现实世界在经济系统、社交系统、身份系统上密切融合，并且允许每个用户进行内容生产和世界编辑。元宇宙涉及非常多的技术，包括人工智能、数字孪生、区块链、云计算、拓展现实、机器人、脑机接口、5G 等，元宇宙的生态版图中有底层技术支撑、前端设备平台和场景内容入口。元宇宙有三个属性：一是包括时间和空间的时空性；二是包括虚拟人、自然人、机器人的人机性；三是基于区块链所产生的经济增值性。

元宇宙在不同产业领域当中的发展速度是不一样的，如果某一个产业领域和元宇宙的三个属性密切结合，它的发展就会更快，这些产业领域主要包括游戏、展览、教育、设计规划、医疗、工业制造、政府公共服务等。未来人们所有的行业都需要在有空间性、人机性、经济增值性的元宇宙当中重新进入赛道。

一、单选题

1. 下列选项中不属于移动支付的是（　　）。

    A. 短信支付　　　　　　　　B. 扫描支付

    C. 指纹支付　　　　　　　　D. 刷卡支付

2. 菜鸟网络的物流模式是（　　）。

    A. 自营物流　　　　　　　　B. 第三方物流

    C. 物流联盟　　　　　　　　D. 第四方物流

3. （　　）是一种基于互联网的即时交流信息的服务。

    A. 即时通信　　　　　　　　B. 电子邮件

    C. 远程登录　　　　　　　　D. 文字录入

4. （　　）是互联网上通用的描述语言，是设计网页的基础语言。

    A. 超文本标记语言　　　　　B. 可扩展标记语言

    C. CSS　　　　　　　　　　D. Java Script

5. 以下选项中不是电子商务领域新兴技术的是（　　）。

    A. 数据交换　　　　　　　　B. 大数据技术

    C. 人工智能　　　　　　　　D. 云计算

二、多选题

1. 以下选项中不属于第三方支付平台的是（　　）。

    A. 支付宝　　　　　　　　　B. 中国银行

    C. 财务通　　　　　　　　　D. 中国电信

2. 物流常见模式主要有（　　）。

    A. 自营物流　　　　　　　　B. 第三方物流

    C. 物流联盟　　　　　　　　D. 第四方物流

3. 下面选项中属于电子商务安全常见技术的是（　　）。

    A. 网络安全技术　　　　　　B. 数据加密技术

    C. 安全协议　　　　　　　　D. Web 开发技术

4. 人工智能技术应用场景包括（　　）。

    A. 产品搜索　　　　　　　　B. 动态定价

    C. 欺诈风险控制　　　　　　D. 移动支付

5. 5G 通信技术的优势包括(　　　)。

    A. 网络速度提升   B. 通信功耗降低

    C. 网络时延缩短   D. 智能系统覆盖

三、简答题

1. 我国电子商务物流的发展趋势有哪些?

2. VR 和 AR 对提升用户购物体验有何影响?

四、技能训练题

1. 目前,远程教育越来越盛行,对于远程课件的访问、成绩的查询、作业的提交及成绩的录入,如何根据不同的用户进行有效的身份认证? 请收集相关资料并分析。

2. 在网络上收集关于"菜鸟网络"的材料,分析菜鸟网络的运营模式。

五、综合案例分析题

转型初现成效,常熟"长三角产业数字化创新中心"正式启用

2021 年 7 月 15 日,由常熟市政府、常熟服装城管委会、亿邦动力联合打造的首个新经济产业地标——常熟"长三角产业数字化创新中心"(以下简称"数创中心")正式启用,数创中心以实体经济为着力点,旨在"引进培育产业数字化服务企业,赋能常熟千亿级产业带"。

数创中心通过提供数字经济产业公共服务,为新模式、新业态营造良好的发展环境,形成常熟产业数字化创新综合体,衔接联动物流枢纽和数字贸易港,辐射带动纺织服装等传统产业数字化转型,最终构建形成常熟数字经济新生态,力争成为常熟南大门和互联网产业集聚的 CBD。

正式启用后,数创中心继续完善数字经济产业公共服务及政策环境,集聚各类产业数字化企业,按照"一纵一横、内外双循环"培育常熟产业数字化生态。"一纵"是指通过招引生产、供应链、销售等各产业链环节的服务企业,全链条带动传统产业数字化。"一横"是指横向衔接常熟物流枢纽、数字贸易港及促进政策、财税服务等各类相关资源,全面形成数字经济产业发展所需的公共服务及政策发展环境。"内外双循环"兼顾内外贸,融合发展市场采购贸易、跨境电商、网络零售及产业互联网。最终实现打造常熟新经济产业地标,探索实践产业数字化推进方式,形成常熟数字经济的全国影响力。

数创中心将以"加快数字化、产业基础高级化、产业链现代化"为目标,用三年时间,将数创中心建设成为常熟市数字经济发展新动力和"企业打造平台、政府提供资源"的政企联动推进产业发展新典范,基本形成数创中心的区位竞争优势,成为具有行业影响力的国家级功能中心和创新中心。

根据上述材料,查阅相关资料,回答以下问题。

1. 查阅相关资料,谈一谈你对"加快数字化、产业基础高级化、产业链现代化"这一目标的理解。

2. 查阅相关资料,分析常熟长三角产业数字化创新中心使用了哪些电商新技术。

第四章 体验电子商务应用领域

学习目标

【素养目标】

- 通过对直播电商作用和模式的学习,使学生理解技术驱动商业模式变革的原理,培养学生的创新精神和社会担当
- 通过对农村电商平台和模式的学习,培养学生用新技术服务农村的奋斗精神和可持续发展理念
- 通过对工业电商、跨境电商模式的学习,坚定学生"中国智造"的自信心

【知识目标】

- 了解不同电子商务应用的基本概念
- 熟悉电子商务应用领域的常见平台
- 掌握电子商务各应用领域的主要业务模式

【技能目标】

- 能够列出电子商务在各应用领域的发展阶段和特征
- 能够对电子商务应用领域平台进行归类
- 能够根据实际需求选择相应的电子商务平台和业务模式

内容概览

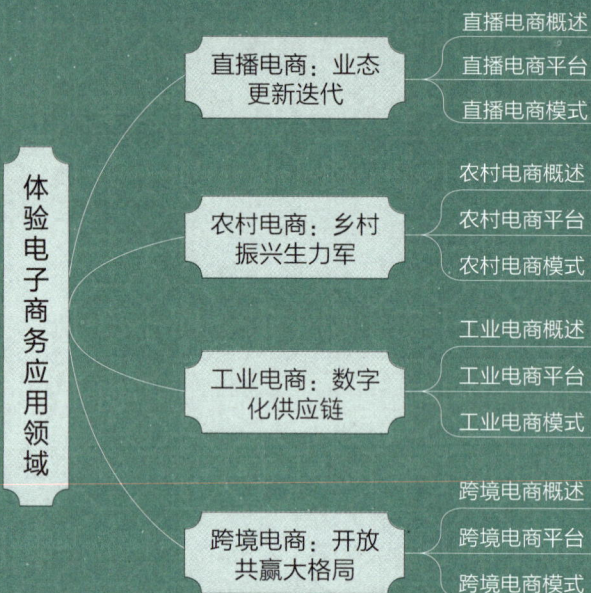

体验电子商务应用领域

- 直播电商：业态更新迭代
  - 直播电商概述
  - 直播电商平台
  - 直播电商模式
- 农村电商：乡村振兴生力军
  - 农村电商概述
  - 农村电商平台
  - 农村电商模式
- 工业电商：数字化供应链
  - 工业电商概述
  - 工业电商平台
  - 工业电商模式
- 跨境电商：开放共赢大格局
  - 跨境电商概述
  - 跨境电商平台
  - 跨境电商模式

学习计划

❖ **素养提升计划**

❖ **知识学习计划**

❖ **技能训练计划**

❖ 引导案例

温州市苍南县获评国家电子商务进农村综合示范县

2021年7月,商务部公布了2021年电子商务进农村综合示范县名单(第一批),浙江省12个县(市)入选,苍南县位列其中,其电子商务产业再添一张国家级新名片。

苍南县历来高度重视农村电商发展,积极建设高水平县域电商工程,着力推进农村电商品质化、智能化和规范化发展,形成了交易规模可观、产业集聚发展、创新电商平台、配套体系完善及苍商遍布全国等优势。农村电商已成为乡村振兴、农民增收、农业现代化的新引擎和重要载体。

成功入围国家电子商务进农村综合示范县,苍南县还将获得中央财政专项资金,用于农产品上行体系建设、公共服务体系建设、产业集聚体系建设等,进一步提升农产品上行效率,提高农村电商集聚效益,健全农村公共服务体系和农村电商配套支撑。

苍南县以电子商务进农村综合示范工作为抓手,以乡村振兴战略为契机,加强农村流通设施建设,提升公共服务水平,探索数据驱动,构建普惠共享、线上线下融合、工业品下乡和农产品进城畅通的农村现代流通体系,打造电子商务进农村综合示范"升级版"。

案例思考

1. 苍南县采取了哪些措施改善农村电商企业的"生存发展空间"?

2. 新业态、新模式、新产品、新技术不断涌现,正成为电子商务创新发展的主旋律。通过查阅资料,说说你对电子商务新业态的理解。

第一节　直播电商：业态更新迭代

一、直播电商概述

2016 年 3 月,蘑菇街正式上线直播入口,我国直播电商由此起航。在几年的高速发展历程中,众多电商平台先后入局直播电商行业。一方面,传统电商平台主动拥抱直播这一强互动性工具,"电商 + 直播"推动图文货架式电商向直播电商转型;另一方面,娱乐社交平台力图以电商赋能直播流量变现,"直播 + 电商"拓展直播娱乐、资讯属性之外的营销职能。

（一）与直播电商相关的概念

1. 网络直播

网络直播是指利用互联网的视频、音频等通信技术展示相关产品、内容和服务,即时与用户互动的一种网络活动。网络直播作为一种新型工具,可以与多种业态相结合。基于消费者参与的差异,可以将直播分为内容直播、社交直播和商业直播,如图 4-1 所示。

（1）内容直播。内容直播是用户以内容消费为目的而参与的网络直播,最常见的有娱乐直播、资讯直播、知识直播等。

（2）社交直播。社交直播是用户以满足社交需求而参与的网络直播,秀场直播是最常见的社交直播,主播通过聊天以及唱歌、跳舞等才艺展示吸引用户,用户参与直播的目的是交友、寻求与主播之间的互动等。

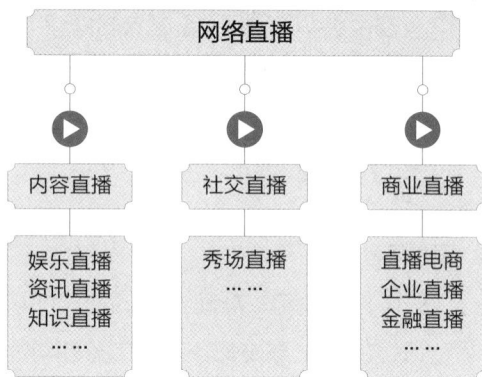

（资料来源：阿里研究院）

图 4-1　网络直播分类图谱

（3）商业直播。商业直播是用户以参与商业活动实现消费为目的的网络直播,直播电商是最常见的商业直播,此外还有企业直播、金融直播等。

2. 直播电商

直播电商是指利用即时视频、音频等通信技术同步对商品或者服务进行介绍、展示、说明、推销,并与消费者进行沟通互动,以达成交易为目的的商业活动。这一定义明确了直播电商的几个关键要素:一是直播电商的载体,即各类即时视频、音频通信系统,主要是提供直播技术服务的网络交易、内容、社交等平台;二是直播电商的形式,即商品或服务的介绍、展示、说明、推销,并与消费者进行沟通互动;三是直播电商的性质,即以达成交易为目的的商业活动。

直播电商是电商业态更新迭代的结果,由于其比图文、短视频更加直观、真实,可以与主播实时互动,产生更好的购物体验,因此受到消费者的广泛欢迎。

(二)直播电商兴起背景

1. 立体化的信息传递形式、用户网购与直播观看习惯的养成,使直播电商更易被用户接受

传统电商主要以图文为载体传递商品或服务的相关信息。与传统电商相比,直播电商能够提供深度实时、富媒体形式的商品或服务展示,为用户带来更丰富、直接、实时的购物体验,拥有强互动性、强专业性与高转化率等优势。同时,网络购物与直播观看习惯的培养,也为直播电商的蓬勃发展奠定坚实的用户基础。直播电商与传统电商的不同点见表4-1。

表4-1 直播电商与传统电商模式对比

对比指标	直播电商	传统电商
相关含义	以直播为渠道达成营销目的的电商形式,是"直播+电商"相互融合的产物	依靠图片和文字呈现商品信息,是直播电商的基础
表现形式	主播将商品呈现给消费者,并实时答疑	消费者自行搜索所需商品
商品价格	价格往往低于传统电商,消费者可在直播间获取优惠券、参与秒杀活动或享受其他优惠	价格较稳定,优惠程度低于直播电商
互动性	强,主播实时互动	弱
目标用户特征	有购物、社交、娱乐需求	有购物需求
决策时间	即时互动、反馈,缩短消费者决策时间(在直播的时间内,数分钟至数小时)	消费者选购时间较长(数小时至数天)
转化率	较高(平均>5%,头部主播的转化率为6%~18%)	较低(平均0.37%)
盈利方式	销售额分成、打赏分成、营销推广	销售额分成、营销推广

(资料来源:亿欧智库、36氪研究院、艾瑞咨询,经整理)

2. 电商平台扶持、商家积极布局,直播电商逐渐成为商家"标配"

近年来,随着传统电商获客成本的不断增加,直播这种成本较低的获客渠道备受商

家青睐,各商家纷纷转战直播电商,以直播盘活库存、缓解现金流压力。各平台也加大直播扶持力度,降低针对商家的技术服务费,优化商家入驻流程,鼓励线下商家开启直播电商模式;开启流量扶持计划,助力商家收获专属流量;针对主播进行培训,提升主播带货水平;对部分商品进行补贴,减免佣金等。电商平台从费用、补贴、入驻流程、主播培训等各方面为身陷困境的商家打开直播电商的大门。

对商家而言,电商平台的推动是吸引其开通直播的原因之一,更重要的是,直播形式能提高用户的黏性和商家的潜在收益。通过直播实时互动,商家可以实现从商品到消费者的高效触达,大大缩短了消费者的决策时间,刺激消费需求的产生。

3. 网红经济和系列政策加持,直播电商吸引更多优质人才加入

随着网红经济高速发展,国内诞生了一批在某些领域具有较大网络影响力的群体,即 Key Opinion Leader(KOL)。KOL 通过自身的影响力和独特优势,对已形成一定规模的粉丝群体进行购买与成交上的精准高效营销。随着经济和互联网技术的不断发展,在微博上以个性化的内容迅速走红的 KOL 也初尝内容商业化带来的福利;抖音、快手等平台的出现更是为 KOL 营销提供了有力渠道,目前,KOL 营销已成为经济发展的探路石,为数字经济转型发展提供契机。而自带较高转化率特征的 KOL,逐渐发展成为直播电商中的核心要素"人",即主播。网红经济的形成与 KOL 影响力的渗透,同样驱动着直播电商的蓬勃发展,如图 4-2 所示。

2009—2013年	2014—2017年	2018年至今
3G时代,网红1.0时代	4G时代,网红2.0时代	直播风口,网红3.0时代
3G时代下,网络传输效率有限,信息载体主要为图文。该阶段网红主要的商业变现模式为图文广告下的种草营销	4G商用后,全媒体网红诞生,除图文外,视频与直播也成为网红传递信息的路径。视频营销、直播打赏等成为流量变现的新模式	在各平台向直播电商靠拢的背景下,MCN机构开始大力培育旗下网红,打造稳定的以直播带货为主的网红群体

图 4-2　网红经济发展历程

注:MCN 的英文全称为 Muti-Channel Network,意为多频道网络,MCN 机构一般是指实施网红经济运作模式的企业。

网络红人凭借良好的粉丝关系、优质的口播营销水平或出色的人格魅力,吸引消费者产生购买行为。其带货营销优势不仅受到电商平台的重视,还引起了政府部门的关注。网红线上带货与消费转化的优势得以凸显,各地政府积极搭建网红与当地企业间的桥梁,助力地方产业带的发展。近几年,多地政府明确提出要打造"直播电商之都""直播经济总部基地",并将电商主播列入人才引进政策,出台了一系列相关人才培养的扶持

　　　　　　　　　　　　　　　　　　　　　　　　　　　电子商务基础与应用

政策。

⊛ **团队合作**

　　通过网络调研和实地走访等调研某地区（建议选择学习者所在地或其家乡所在地）的直播电商发展现状，分析目前该地区直播电商发展存在的问题，并提出优化建议。

（三）直播电商发展历程

　　自 2016 年主流电商平台布局直播赛道以来，中国直播电商经历了初探期、加速期、爆发期和规范发展期。

　　1. 初探期：2016 年

　　2016 年被称为中国直播电商元年，蘑菇街、淘宝、京东等主流电商平台纷纷上线直播功能，各行业纷纷开始尝试直播电商模式。

　　2. 加速期：2017—2018 年

　　2017 年，电商平台加速内容变现方式，直播模式逐步清晰，2017 年"双 11"淘宝直播场次过万场，单日观看破亿人。2018 年起，快手、抖音等短视频平台开启"电商 +"模式，通过直播变现来加速商业化布局。从跳转第三方购物平台模式到自建商品平台模式，短视频及社交平台依靠强大的先天流量优势，为直播电商按下加速键。

　　3. 爆发期：2019—2020 年

　　2019 年，政府政策支持、直播平台重视、头部主播凸显，直播电商进入快速发展阶段，直播电商产业链趋于专业化分工。2020 年，"宅经济"为直播电商渗透率的提升持续"添砖加瓦"，抖音、快手引领直播电商市场持续扩张，直播电商进入爆发期。

　　4. 规范发展期：2021 年至今

　　在这一时期，针对直播电商平台、直播服务运营机构、电商主播等相关直播电商参与主体的规范管理办法和指导文件密集出台，直播电商行业逐步进入规范、有序发展阶段。

⊛ **法治在线**

《关于进一步规范网络直播营利行为促进行业健康发展的意见》

　　2022 年 3 月，国家互联网信息办公室、国家税务总局、国家市场监督管理总局印发《关于进一步规范网络直播营利行为促进行业健康发展的意见》（以下简称《意见》）的通知。

近年来,网络直播在促进灵活就业、服务经济发展等方面发挥了重要作用。同时,网络直播营利行为也存在网络直播平台管理责任不到位、商业营销行为不规范、偷逃缴纳税款等问题,制约行业健康发展,损害社会公平正义。

对此,《意见》提出,着力构建跨部门协同监管长效机制,加强对网络直播营利行为的规范性引导,鼓励支持网络直播依法合规经营,切实推动网络直播行业在发展中规范,在规范中发展。

在网络直播平台更好落实管理主体责任方面,《意见》提出,要加强网络直播账号注册管理和账号分级分类管理,网络直播平台应当每半年向所在地省级网信部门、主管税务机关报送存在网络直播营利行为的网络直播发布者个人身份、直播账号、网络昵称、取酬账户、收入类型及盈利情况等信息。

在规范网络直播营销行为、维护市场秩序方面,《意见》明确,网络直播平台和网络直播发布者销售商品或者提供服务,采用价格比较方式开展促销活动的,应以文字形式显著标明销售价格、被比较价格及含义。网络直播平台、网络直播发布者、网络直播服务机构不得通过造谣、虚假营销宣传、自我打赏等方式吸引流量、炒作热度,诱导消费者打赏和购买商品。

在规范税收管理、促进纳税遵从方面,《意见》要求,网络直播平台、网络直播服务机构应依法履行个人所得税代扣代缴义务,不得转嫁或者逃避个人所得税代扣代缴义务,不得策划、帮助网络直播发布者实施逃避税。网络直播发布者开办的企业和个人工作室,应按照国家有关规定设置账簿。各级税务部门要优化税费宣传辅导,促进网络直播平台、网络直播服务机构、网络直播发布者的税法遵从,引导网络直播发布者规范纳税、依法享受税收优惠。要依法查处偷逃税等涉税违法犯罪行为,对情节严重、性质恶劣、社会反映强烈的典型案件进行公开曝光。

《意见》明确,保护网络直播平台、网络直播服务机构、网络直播发布者依法规范开展生产经营活动的各项合法权益,对依法依规经营、积极承担社会责任、诚信纳税的,各有关部门依法依规评先树优给予鼓励支持。对存在违法违规营利行为的网络直播发布者,以及存在违法违规行为或者纵容、帮助网络直播发布者开展违法违规营利行为的网络直播平台,依法予以处罚;构成犯罪的,依法追究刑事责任。

(四) 直播电商的作用

直播电商是对传统商业模式的创新,对于促进消费、带动产业升级、促进就业有明显的优势。具体来说,直播电商具有以下作用。

1. 激发消费潜力，促进消费

直播电商新模式的加速发展，帮助中小企业、外贸代工厂和亿万农户实现"生产—销售—消费"的无缝对接，减少了信息不对称，压缩了中间渠道，促进了国内、国际流通升级，让利给消费者，刺激了消费需求，进一步激发了消费潜力。

◈ 行业亮点

央视公益直播助力湖北农产品销售

2020年4—5月，为了助力湖北农产品销售，央视推出了3场公益直播，旗下"名嘴们"也纷纷进行直播带货。

2020年5月1日晚，央视开始进入直播领域，央视四大知名主播带货，三个小时的销售额高达5.28亿元，共有1600多万人次在线观看。这一系列公益直播，不但展现了央视主播们风趣幽默的另一面，还成功激活了主播们粉丝群体的消费潜力，并且为社会公益事业做出了贡献，形成了良好的示范效应。

（资料来源：学习强国，有改写）

2. 赋能传统经济，带动产业升级

主播们将直播电商引入工厂生产车间，让消费者全面观看和了解货品的生产流程，可以促进上游传统制造企业的转型升级，通过C2B实现反向定制及新品开发，加速传统制造业的数字化转型；大量老旧厂房、百货商场、批发市场，通过搭上直播电商"快车"，从线下延展至线上，实现了"重生"，如杭州四季青服装批发市场、云南瑞丽玉石批发市场等。

3. 催生新的就业形态，扩大就业

2020年7月，人力资源和社会保障部、国家市场监管总局、国家统计局联合发布了9个新职业，"互联网营销师"职业受到社会的广泛关注。各平台的直播间创造了主播、助播、选品、脚本策划、运营、场控等多种新岗位，为社会提供了大量就业机会。

4. 助力农村脱贫，助推乡村振兴

手机成为农民手中的"新农具"，直播也成为农民的新技能，全国上万间的蔬菜大棚变成直播间，各级干部、党员为当地农产品带货。从短期来看，在平台流量支持、政策利好、消费回暖的背景下，"直播带货"可以大大减轻农产品滞销问题，增加农民群体的收入。从长期来看，由于直播高互动和实时反馈的属性，消费者可以直接在评论、弹幕中反馈产品的意见，相比于传统较长的市场反馈机制，直播大大减少了供给侧与需求侧的信息不对称问题，农民可以根据在直播中收到的反馈，合理调整生产计划，从而促进农业发展的市场化进程。

请查阅"抖音新农人计划"相关资料和相关新农人抖音号,谈一谈你对直播电商助推乡村振兴的认识。

⬢ 特色引领

百城县长直播助农

2020年3月起,快手平台启动的"百城县长直播助农"活动已进入全国几十个市县,触达海南、广西、河北、河南、山东、陕西、新疆、辽宁、湖南等地。

"百城县长直播助农"活动旨在通过县长们的影响力、地方政府及媒体的支持,用"短视频+直播"接力的形式帮助农户将农产品推广销售出去,助力县市区获得经济发展,以电商模式赋能乡村振兴,实现"造血式"帮扶。同时,通过主流媒体传播塑造县域城市整体品牌,助力精准脱贫,促进当地经济发展。

(资料来源:学习强国,有改写)

二、直播电商平台

在直播电商产业链中,直播电商平台负责搭建和维护场景服务,并制定相关规则要求参与者遵守,因此,在直播电商平台上进行带货的各方需要遵守直播电商平台相应规则,直播电商平台在产业链中拥有主导权,这种主导权体现在流量分配、制定规则和场景服务等方面。直播电商平台分类通常包括按主营业务属性分类和按流量归属权差异分类。

(一)按主营业务属性分类

直播电商平台按照主营业务属性通常可分为电商平台、内容平台和社交平台。

1. 电商平台

传统电商平台为鼓励商家发展自行搭建直播板块,将此板块作为平台商家销售运营的工具,典型代表如淘宝、京东、拼多多、苏宁易购等,此类电商平台具有丰富的货品和商家资源、成熟的电商服务和消费者权益保护体系,以及平台治理规则。以淘宝平台为例,2019年,超过一半的店铺开通了淘宝直播;2020年,淘宝直播得到了又一轮高速发展,与抖音、快手等短视频平台相比,淘宝本质上是电商平台,淘宝直播的专业性、导购属性使得用户的购物意愿更强。经过几年的发展,淘宝直播已经培养出了众多头部主播,前期获得的流量以及品牌优势,使淘宝直播成为品牌及主播卖货的主战场。

2. 内容平台

内容平台转型发展电商业务,典型代表如快手、抖音、哔哩哔哩网站(B站)等,此类平台主播资源丰富,流量池用户基数大,信息发布传播快。以抖音为例,其经营模式具有"用户—内容—商品—服务"链路,通过"短视频＋直播"模式积累粉丝数量、建立粉丝认知、沉淀粉丝价值,同时通过优质内容和目标用户进行连接、促进购买,内容平台和商家一起为消费者提供良好的整体购物体验,并持续沉淀用户对商家的认知积累和复购。

3. 社交平台

社交平台将流量聚合并转化为商业价值,典型代表如微博、微信等,此类平台具有很强的社交优势,用户覆盖面广,能够调动私域流量。以小红书平台为例,作为社交内容推荐平台,小红书于2019年年底宣布上线电商直播功能,平台自身流量和小红书达人私域流量是其直播流量来源,具有用户忠诚度高、复购率高等特点。

(二) 按流量归属权差异分类

按照流量归属权差异来分,直播电商平台可以分为公域直播平台和私域直播平台,其对比如图4-3所示。

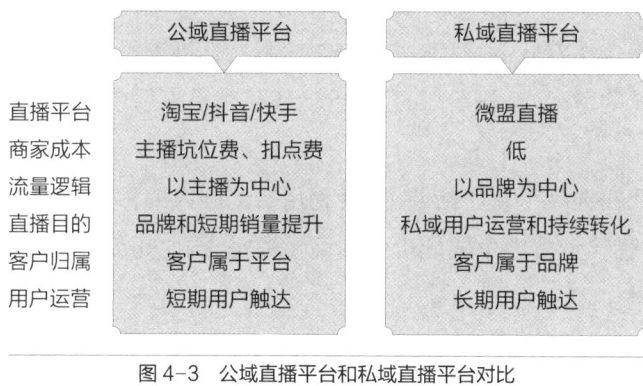

	公域直播平台	私域直播平台
直播平台	淘宝/抖音/快手	微盟直播
商家成本	主播坑位费、扣点费	低
流量逻辑	以主播为中心	以品牌为中心
直播目的	品牌和短期销量提升	私域用户运营和持续转化
客户归属	客户属于平台	客户属于品牌
用户运营	短期用户触达	长期用户触达

图 4-3 公域直播平台和私域直播平台对比

1. 公域直播平台

公域直播平台流量所有权掌握在平台手中,平台会制定流量获取的明确规则,商家每次获取用户都需要成本,淘宝、抖音、快手等是公域直播平台代表。

2. 私域直播平台

私域直播平台流量由品牌分配,商家可以反复利用,免费获取。微信推出的小程序直播、微盟推出的微盟直播都是私域直播平台代表。随着公域流量价格上升,流量越来越集中在大品牌商手中,私域直播将成为越来越多企业的选择方向,直播功能稳定性与私域流量激活转化能力成为私域直播平台的重要竞争力。以微盟直播为例,其在提供直播编码、推流等基础核心功能之外,还设计了拼团、砍价等直播营销形式,此外,直播间连麦可实现品牌之间的流量共享。

三、直播电商模式

直播电商的模式丰富多样,一般可以按直播带货形式和直播场景来进行分类。

(一) 按直播带货形式分类

按直播带货形式来分类,直播电商可以分为 KOL 模式、品牌商模式、商品模式等。

1. KOL 模式

KOL 在直播电商领域通常指有一定粉丝量、有较强带货能力的"达人"。KOL 模式可以通过达人的影响力快速提升品牌影响力,并在短时间内产生较大的销售量。

2. 品牌商模式

一般有能力的主播在与商家合作时,很看重商家本身的品牌,有很多集团公司本身只生产针对固定商家的产品,不生产直接针对消费者的产品,但希望通过直播来增加品牌知名度。在这种合作方式下,商家追求的往往不是直接销量,而是打造口碑或推荐,追求的是曝光度。复购率高、毛利率高、客单价低的品类是直播带货的主流。

3. 商品模式

一般头部主播在选品上有严格要求,会利用自己强大的影响力和带货能力与品牌商进行沟通协调,凭借议价能力争取低价拿到高质商品,同时用低价商品来回馈粉丝,赢得粉丝的信任和喜爱。

主播也可以根据粉丝的需求去选品或自主研发,找工厂制作。这样可以赋予产品适合直播的传播内容,其特有的款式也避免了同质化,同时保证了品质,这样更容易打造直播爆款。

(二) 按直播场景分类

按照直播场景不同可以将直播电商分为搭景直播、实体店直播、产地直播、供应链基地直播和海淘现场直播等。

1. 搭景直播

搭景直播是指商家或"达人"主播为直播选择合适的场地,并搭建直播间,然后在直播间进行直播。商家或"达人"主播可以根据自身品牌调性、主播人设或直播商品的调性来设计直播间的风格。

2. 实体店直播

实体店直播是指主播在线下实体门店里进行直播,实体门店就是直播间。这样商家就无须专门选场地搭建直播间,不但能够节约一定的成本,还能在销售商品的同时为线下门店导流。

3. 产地直播

产地直播是指主播在产品的原产地、生产车间等场地进行直播,向用户展示产品真实的生产环境、生产过程等场景,从而吸引用户购买。产地直播比较适合食品、农产品、生鲜类商品的直播,这样能让用户直面产品的原产地、生产车间,增强用户对商品的信任感。

4. 供应链基地直播

供应链基地直播是指主播到供应链基地进行直播。很多供应链基地是由专业的直播机构建立的,能够为主播提供直播间、直播商品等服务。供应链基地通常用于自身旗下主播开展直播,或者租给外界主播、商家进行直播。在供应链比较完善的基地,主播还可以根据自身需求在基地挑选商品,并在基地提供的直播场地中进行直播。

供应链基地搭建的直播间和配置的直播设备性能大都比较好,所以直播画面效果也比较理想。此外,供应链基地中的商品通常是经过供应链运营方筛选的,并且会在电商平台的店铺上架,主播在基地选好商品后,在直播时直接将商品链接导入自己的直播间即可。一般情况下,在供应链基地进行直播时,主播把商品销售出去后,基地运营方会从中抽取一部分提成作为基地服务费。

5. 海淘现场直播

海淘现场直播是指主播在境外的商场、免税店直播,用户通过观看直播选购商品。主播通过直播海淘现场,可以让用户产生在境外商场身临其境购物的感觉,商品的标价一目了然,这有利于提升用户对商品的信任度。

✦ 视野拓展

短视频平台和直播平台比较

作为当前迅猛发展的平台经济类型之一,短视频平台与直播平台具有基本相同的平台特征,如都是多方信息交汇的载体,都需要通过数据汇聚、存储与分析形成不同经济主体之间的连接。

短视频平台具有独有的特征：第一，生产成本低，用户覆盖范围更广；第二，传播速度快，社交属性更强；第三，动态性和流动性更强。视频信息本身是文字、图片、声音的动态复合，具有信息多维性、个性化更加突出的特点，在供需匹配更精准的机制下，视频信息的信度、密度和精度较其他类型的信息更高，这使短视频平台获得了更大的发展空间。

在某种意义上，可以将直播视为持续的短视频，但直播平台仍有其独有的特征：第一，作为视频化、动态化的虚拟商业场所，直播平台在一定程度上消除了地域差异，将所有虚拟商店的地理位置拉到了同一起点；第二，兼具中介、催化和黏合功能。直播平台庞大的用户基数和用户黏性使直播电商降低了获客成本、商品推广等费用。直播的上述特征不仅使其可以大幅度减少包括广告、人员工资和店铺租金等非生产性的纯粹流通费用，还可以通过有弹性的小批量定制供应链，在降低厂商生产不确定性的同时，削减厂商的铺货费用和库存成本。

第二节　农村电商：乡村振兴生力军

党的二十大报告指出："全面推进乡村振兴。全面建设社会主义现代化国家，最艰巨最繁重的任务仍在农村。"在推进乡村振兴方面，农村电子商务正发挥着越来越重要的作用。农村电子商务（简称"农村电商"）是以农业、农村、农民为服务目标的电子商务业态，通过互联网平台加上类型各异的网络服务，致力于拓展农村信息服务业务。农村电商的出现改变了传统农村商业模式和价值链。

2018年，国务院印发的《乡村振兴战略规划（2018—2022年）》提出："坚决破除体制机制弊端，使市场在资源配置中起决定性作用，更好发挥政府作用，推动城乡要素自由流动、平等交换，推动新型工业化、信息化、城镇化、农业现代化同步发展，加快形成工农互促、城乡互补、全面融合、共同繁荣的新型工农城乡关系。"这一论述为农村电商的发展和农产品上行奠定了基础。2022年，中央十部门联合印发的《数字乡村发展行动计划（2022—2025年）》指出，要以解放和发展数字生产力、激发乡村振兴内生动力

　　　　　　　　　　　　　　　　　　　　电子商务基础与应用

为主攻方向,着力发展乡村数字经济,着力提升农民数字素养与技能,着力繁荣乡村网络文化,着力提高乡村数字化治理效能,为推动乡村振兴取得新进展、农业农村现代化迈出新步伐、数字中国建设取得新成效提供有力支撑。

一、农村电商概述

(一) 农村电商的概念

农村电商是指利用互联网、计算机等现代信息技术,为从事涉农领域的生产经营主体提供在网上完成产品或服务的销售、购买和电子支付等业务交易的过程。这种新的电商模式能推动农业的生产和销售,提高农产品的知名度和竞争力,是新农村建设的催化剂。

农村电商平台配合密集的乡村连锁网点,以数字化、信息化的手段,通过集约化管理、市场化运作、成体系的跨区域跨行业联合,构筑紧凑而有序的商业联合体,降低农村商业成本,已成为活跃城乡市场的重要渠道。从流通端切入,逐步向农业产业链上游延伸、渗透,推进农产品在生产、组织、管理等环节互联网化,扩大农村商业领域,成为农村数字经济发展的突破口。

◇ **行业亮点**

农村电商蓬勃发展 农民丰收更增收

2022年“双11”促销活动中,农产品电商直播成为一个亮点。在电商直播平台上,产地直供、“达人”带货等方式受到消费者的喜爱,特色农产品一上线就被一抢而空。随着乡村振兴战略的实施,拥有万亿元市场规模的直播电商行业给农民带来致富增收的新机遇。

在新疆柯坪县供销社一楼展播厅,电商直播活动开展得如火如荼。主播们通过新媒体平台向网友介绍柯坪黄杏、冬枣、恰玛古等特色农产品,直播吸引了众多网友观看。短短一小时内,直播累计观看2 500余人次,成交额约12.29万元。

打开手机直播,了解地方特产;轻点鼠标,轻松购买心仪商品……一根网线,连通城乡,让分散的小农户对接大市场,畅通了从田间到餐桌的产业链,推动了农业的转型升级。电商销售成为农产品销售的重要渠道,也成为农民增收的新支点,助力巩固拓展脱贫攻坚成果,并形成与乡村振兴战略的有效衔接。

(资料来源:学习强国,有改写)

（二）农村电商的发展历程

自 1994 年起，随着农业信息网络平台陆续涌现，我国农村电商的发展征程正式开启。农村电商的发展经历了四个发展阶段。

1. 农村电商萌芽阶段：1994—2004 年

1994 年 12 月"国家经济信息化联席会议"第三次会议上提出了"金农工程"。中国农业信息网和中国农业科技信息网相继开通，信息技术尝试向农产品电商领域引入。1995 年，河南郑州商品交易所集诚现货网成立，标志着我国农村电子商务的开始。1998 年，第一笔粮食交易在网上实现。同年，全国棉花交易市场成立。在这一阶段，我国农业电子商务的发展模式为 G2C 模式，即由政府委托电商平台通过竞买交易方式采购和销售国家政策性农产品。

2. 农村电商探索发展阶段：2005—2015 年

2005 年中央一号文件首次提及电子商务，此后 10 年国家主要从流通方式、交易方式和平台建设角度部署农村电商发展。2006—2008 年出现了专门针对小众市场的生鲜电商企业，这些企业多为传统零售商。同时，在我国东南沿海的一些农村中，一些农民开始在淘宝网上开设网店，成为专职网商，实现创收，并形成示范效应，带动周围农民网上创业开店，2008 年和乐康、沱沱工社成立，开始进行生鲜农产品的网上交易。2013 年"京城荔枝大战"，许多生鲜农产品电商开始探索品牌运营。在这一阶段，很多生鲜电商出现亏损倒闭和被淘汰的情况，但是留下来的电商企业都凭借各自的行业资源优势逐渐发展壮大。

3. 农村电商规模化发展阶段：2016—2020 年

在这一阶段，国家加大对农村电商部署力度，逐步提出更高要求，明确农村电商的主要工作方向是：加大物流基础设施建设和完善县乡村三级农村物流体系；开展电子商务进农村综合示范；健全农村电商服务体系；支持涉农电商载体建设和新模式发展等。2016 年以来，农村电子商务在促进农产品上行、推动农业数字化转型升级、带动农民就业创业和增收、改善提升农村风貌等方面成效显著，成为推动脱贫攻坚、乡村振兴和数字乡村建设的重要抓手。

4. "数商兴农"高质量发展新阶段：2021 年以后

2021 年印发的《"十四五"电子商务发展规划》突出电子商务与一二三产业的融合，推动乡村产业振兴、数字乡村建设，大力实施"数商兴农"行动，加快完善农村电商生态体系。2022 年中央一号文件进一步明确实施"数商兴农"工程，推进电子商务进农村，这是发展农村电商的新举措，也是农村电商发展新方向。"数商兴农"行动着眼于改善农村电商基础设施、物流配送和农产品电商化，促进产销衔接，是电子商务进农村综合示范工程的升级。

从 2005 年中央一号文件第一次提到"电子商务",再到 2022 年提出实施"数商兴农"工程,中央把握农村电商发展规律和趋势,发展农村电商的工作思路逐步明确。"十四五"时期,数字化生活消费方式变革将重塑农村市场,农村电商生态要素将加速整合,农村电商对农业生产和农村消费的巨大潜能将加速释放,成为推动乡村振兴取得新进展、农业农村现代化迈出新步伐的重要引擎。

党的二十大报告明确提出:"全面建设社会主义现代化国家,最艰巨最繁重的任务仍然在农村。坚持农村农业优先发展,坚持城乡融合发展,畅通城乡要素流动。加快建设农业强国,扎实推动乡村产业、人才、文化、生态、组织振兴。"这一论述进一步为我国农村电子商务的发展指明了方向。

(三)农村电商发展的关键要素

我国农村电商经过多年发展,已成为工业品下行[①]和农产品上行[②]销售的重要渠道,在解决农民卖货难问题、助力农民增收、带动农村地区产业发展及促进乡村振兴等方面发挥了重要作用。但农村电商在快速发展过程中,也暴露出品控能力弱、产品标准化不足、品牌影响力弱、物流及供应链问题突出、人才短缺、服务不规范、政策协同不足等一些值得高度关注的问题。围绕发展农村电商、助力乡村振兴、促进共同富裕的发展目标,促进农村电商健康发展需要从以下几方面推进:

1. 进一步提升对农村电商战略价值的认识

对于农民而言,农村电商一方面是满足消费的新渠道,另一方面是农产品上行的重要途径。对于电商企业而言,发展农村电商既是渠道下沉寻找增量市场的重要方向,也是发挥企业社会公益价值的重要载体。对于政府而言,农村电商是助力乡村振兴的新模式,农村产业发展的新生态。农村电商会在一定程度上影响土地、资金、人员、技术、数据等生产要素配置,成为农村新生产力的重要组成部分,引发一系列产业变革和场景创新,在促进乡村振兴和共同富裕中发挥重要作用。面向未来,农村电商深层次战略价值需要进一步挖掘。

2. 提升农产品网货转化及供应链保障能力

电子商务选品要适应网民的海量消费需求,标准化程度要高,产品迭代要快,而这些方面恰恰是农产品电商的短板,农产品尤其是地方特色农产品的生产周期长、产量有限,

---

① 工业品下行:是指把城市工业品销往农村,农民通过电商平台购买更丰富、更实惠的工业品。

② 农产品上行:是指将农民的农产品销往城市,农民将农产品信息发布到电商平台,打破了传统渠道对农产品销售的限制,延伸了农产品价值链。

一旦成为爆款,就很难及时满足大量需求。此外,农产品标准化程度低,农产品更新也很难在短时间内完成。应针对性提升农村地区"农货"变"网货"的能力,在补齐农村电商基础设施短板基础上,体系化推进选品、分拣、包装、品牌卖点策划、供应链保障等。

3. 着力补足农村电商相关要素短板

农村电商要发展,就首先要解决物流问题,工业品下行的"最后一公里"伴随快递下乡、电商服务站建设等有所缓解。从长远看,需考虑成本和收益问题,政府补贴消失后,应发挥互联网优势,汇聚农村地区消费与售卖的双向需求,使分散需求规模化,驱动市场化机制形成。同时,农产品上行"最初一公里"的问题也需破局,农产品上行销售对冷链、分拣、初加工、包装等环节要求较高,配套设施还需政府、市场持续投入。应继续改善农村电商人才供给问题,采取公益培训和市场增值培训相结合的方式,以创业孵化为重要载体,从产品、营销、物流、品牌等方面,提升农村电商人才的综合能力。应基于农村电商企业规模小、固定资产少、信用等级低等特点,创新农村电商金融服务方式,把电商交易数据纳入融资依据范围,倡导平台企业开发农村电商金融服务新产品。

4. 进一步发挥好政府与市场在农村电商领域的协同作用

农村电商公共服务体系建设,有效解决了许多制约农村电商发展的瓶颈问题。大量电商平台企业也纷纷布局农村电商市场,建基地、建仓储、开发特色产品等,营造良好的农村电商生态。在已有基础上,应把农村电商公共服务资源与电商企业运营服务体系有机对接起来,在盘活存量资源的同时,提升公共服务可持续运营能力。此外,提升农村电商市场规范性,也需协同发挥政府监管力和平台企业市场引导力,解决好当前农村电商领域暴露出的突出问题。

🔲 团队合作

通过网络调研和实地走访等调研某地区(建议选择学习者所在地或家乡所在地)的农村电商发展现状,分析目前该地区农村电商发展中存在的问题,并提出优化建议。

二、农村电商平台

农村电商为脱贫攻坚和乡村振兴赋能,既便利了顾客,又促进了农副产品"走出去",实现了双赢。以淘宝、京东、拼多多为代表的电商平台迅速下沉,利用多种方式助推农村电商的振兴。当前,农村电商主要平台包括综合平台、农产品平台、生鲜平台、农资平台、农业众筹平台和其他平台等。

(一) 综合平台

综合平台以阿里、京东、拼多多为代表,此类平台以强大的电商平台为依托,凭借自身的超级互联网入口地位,涉足农产品电商业务。以拼多多为例,拼多多先后推出"农地云拼""市县长直播""新农人培训"等电商助农模式。通过"农地云拼"体系,发展"拼购 + 产地直发"模式,推动贫困地区的农产品突破传统流通模式的限制,直连全国大市场。同时,开展"多多课堂",建立"多多农园",实现"农业人才—农业产地—农业销售"的多方对接。拼多多农产品运营模式如图 4-4 所示。

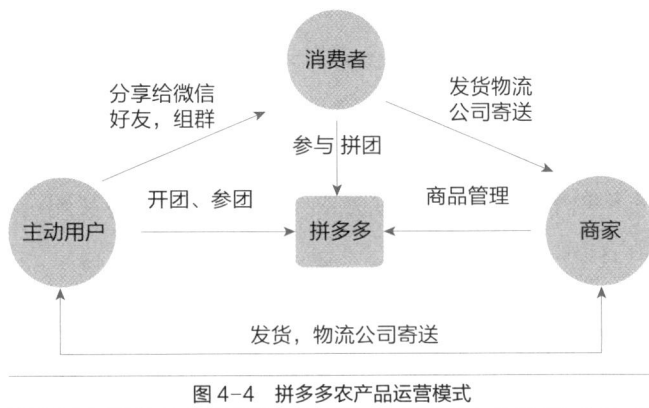

图 4-4 拼多多农产品运营模式

(二) 农产品平台

农产品平台就是免费提供农产品价格及供求信息的平台,农民通过接触互联网,及时方便地了解农产品信息,为农民致富提供了便利。以农产品平台惠农网为例,它是专业的线上农产品批发交易市场,用户不仅可以在平台上免费发布农产品供求信息,了解国内农产品价格行情,还可以进行农产品批发和农产品交易。惠农网运营流程如图 4-5 所示。

(三) 生鲜平台

生鲜平台也是农产品电商平台的重要组成部分,它通过产品组织、供应商评估、物流配送等环节严格把关,确保优质农产品到达消费者手中,在一定程度上成为消费者购买农产品的重要渠道之一。以沱沱工社为例,它拥有自建种植农场,搭建了"有机种植—严格采购—电商模式—冷链配送"一站式的健康生鲜电商产业链和从源头到消费者的全程安全管理体系。

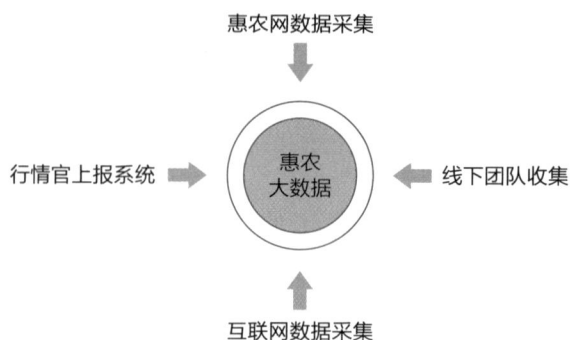

图 4-5　惠农网运营流程

（四）农资平台

农资平台专注于农资领域,目标客户明确,能轻易实现同类产品之间的比价、比货功能,注重客户服务,主要由农资生产商、供应商入驻,面向各类农业经营主体。如以农药为主的农资类电商平台农一网为例,农一网由中国农药发展与应用协会发起,联合辉丰股份等国内四家业内知名农药企业共同投资组建的。平台服务方式为在基层成立"代购人员"帮助农民下单,而传统经销商成为农一网会员后,只负责配送和售后服务,免去了以往有农民赊销的负担。

（五）农业众筹平台

农业众筹平台是专注于新农业领域的垂直性众筹平台,致力于通过众筹的方式支持农业发展,一般为农业项目发起方。此种平台不仅注重筹资、筹市场,更注重筹智,开启供养农业或者粉丝农业的新时代。农业众筹发起人可以通过农业众筹平台筹集资金、服务和项目合作等。目前常见的涉及农业众筹平台的有淘宝众筹、中农网、村村乐等。其中,淘宝众筹属于企业众筹平台中的一个分支,更倾向于电商性质,中农网倾向于农产品综合众筹,村村乐倾向于农业服务众筹。

（六）其他平台

除以上几种常见的农村电商平台外,抖音、快手等新媒体平台也都有农村电商相关主题和内容,如快手平台在 2020 年推出了一系列的助农项目,帮助农村农民克服新冠病毒疫情的影响。"乘风破浪的新农人""快手冬捕季""快手三农金榜"等"三农"直播,吸引了一批有影响力的农村博主。抖音电商 2021 年年底推出"山货上头条"助农项目,通过"新农人计划""山里 DOU 是好风光"等乡村活动计划,聚焦乡村的"人、货、场",助力乡村人才培训,促进农产品销售,带动乡村文旅发展。

抖音推出"新农人计划"扶持"三农"内容创作

2020年8月4日,抖音宣布推出"新农人计划",扶持平台三农内容创作。特别是在2020年脱贫攻坚决战决胜之年,针对来自国家级贫困县的创作者,平台将给予优先培训、流量加成等政策倾斜。

"新农人计划"从流量扶持、运营培训、变现指导等方面,全方位扶持三农内容创作。

在流量扶持方面,抖音通过"入驻礼包""农人积分榜""新农人推荐官"等多种活动,给予三农创作者流量包和奖励,帮助其解决冷启动和曝光不足等问题,让美丽乡村及特色农产品被更多人看到。

在运营培训方面,抖音推出多元培训课程,对不同阶段内容创作者提供个性化课程。针对初级创作者,重点巩固内容创作必备形式,提升创作者创作能力和信心;针对中高级创作者,则提供相应进阶课程。

在变现指导上,抖音对加入计划的"三农"创作者提供星图、抖音小店等商业化变现工具的使用指导,助力创作者快速变现。

三、农村电商模式

基于电商平台的产业集群模式不仅可以提高农民生活质量,还能推动传统农业转型、推动城乡建设。通过多年实践,已形成了以下几种主要的农村电商模式:

(一)"电子商务综合服务商+网商+传统产业"模式

此种模式以本地化电子商务综合服务商作为驱动,带动县域电子商务生态发展,促进农业及农产品加工业实现电子商务化,通过"电子商务综合服务商+网商+传统产业"相互作用,在政策环境催化下,形成信息时代县域经济发展道路,产业模式结构如图4-6所示。这类模式的典型为农村电子商务"遂昌模式"。

例如,在浙江省遂昌县,通过"协会+公司"的模式,将遂昌县网店协会与浙江省遂网电子商务有限公司相结合,由协会提供中间服务,如与供应商的沟通、采购、配送、网商培训和咨询等服务,公司专门对接平台资源、政府关系、第三方服务商等,以"农产品电子商务服务商"的定位探索并解决农村对接市场的实际问题。同时,推出"赶街"这一新农村电子商务服务站,以定点定人的方式,实现农产品代购及售卖,实现信息化与农村的深入对接。

图 4-6 "电子商务综合服务商 + 网商 + 传统产业"模式结构图

(二)"双向O2O"的乐村淘模式

此种模式通过"走进"农村,让农民享受到便捷的购物体验,通过平台直接和厂商对接,把厂商的优质价廉的商品引进农村,同时开展"走出"农村活动,帮助农民把地方的特色产品通过乐村淘平台卖向全国。由农户到网络,由网络到公司,再从公司到农户,以市场化的新生态服务促进农村电子商务进一步成长,三个环节循环上升,推动产业群快速发展壮大。

(三)"互联网+"巨头模式

此种模式借助平台优势,结合农业、农村、农民和生态链,以电子商务平台为基础,与各地政府进行合作,搭建县村两级服务网络,以实现"网货下乡"和"农产品进城"的双向流通。如京东平台的"双线发展,渠道下沉"农村电子商务模式。"双线发展"指的是京东县级服务中心和京东帮服务站同时推进,"渠道下沉"是针对京东家电下乡的痛点,利用县级服务中心和京东帮服务站打通市场,借助自营电商的正品行货优势,以"让村里人与城里人享受同样的消费服务"为目标进入农村消费市场。

◈ 行业亮点

智慧物流快线广东运行 打通农村电商"最后一公里"

2020年4月15日,一辆辆小型穿梭机在索道上来回运输货物,广东茂名化州市新塘村村民种植的蔬菜利用这些穿梭机被运送至镇上,再通过平台统一对外销售,节省村民的时间和物流成本。

电子商务基础与应用

当天,智慧物流快线正式运行,该快线在低空架设索道,通过云端系统控制穿梭机在索道上运输轻量化、小批量的货物,实现"随时发、准时到、成本低"的效果。

智慧物流快线运送 100 千克货物行驶 100 千米,只需 3~5 元电费,其运输成本与时效性有利于解决农村电商最后一公里问题。

未来,广东还将依托智慧物流快线构建农村智慧物流服务网络体系,通过这个网络体系,绝大部分商品能在 1 小时内以低成本畅达县城与村落,改变落后的农村物流现状,解决工业品下行及农产品上行的问题,激活农村市场。

第三节　工业电商:数字化供应链

一、工业电商概述

工业电子商务(简称"工业电商")属于电子商务的专业化领域,是电子商务在工业生产流通过程中的深化应用。工业电商是工业企业以供应链管理为核心,面向上下游和企业内部,基于信息网络开展的各类经济活动,是数字化的供应链。

(一) 工业电商的概念

工业电商是电商服务从消费领域向工业领域延伸的简单形态,面向原材料、零部件、设备等标准化产品,为众多工业企业提供线上交易平台。工业电商是信息技术与工业生产、商贸流通融合催生的新业态、新模式,以服务工业企业的供应链管理为核心,随着技术的演进与扩展不断更新功能服务,既包括工业企业、供应链上下游企业及用户等主体间基于互联网等信息网络进行的各类经济活动,也包括工业企业内不同部门间基于数据而展开的横向转移、交换或共享等各类经济活动,是促进制造业供应链协同的有效手段。

> ◆ **主题讨论**
>
> 在日常生活中,你留意过身边的工业企业开展电子商务的情况吗?说说你所知道的工业电商案例。

从涉及的活动主体来看,工业电商以工业企业为中心,涉及产品供应链中供应商的供应商、供应商、制造商、经销商、用户等主体,以及服务供应链中的功能性服务供应商、服务集成商、用户等。工业电商活动主体如图4-7所示。

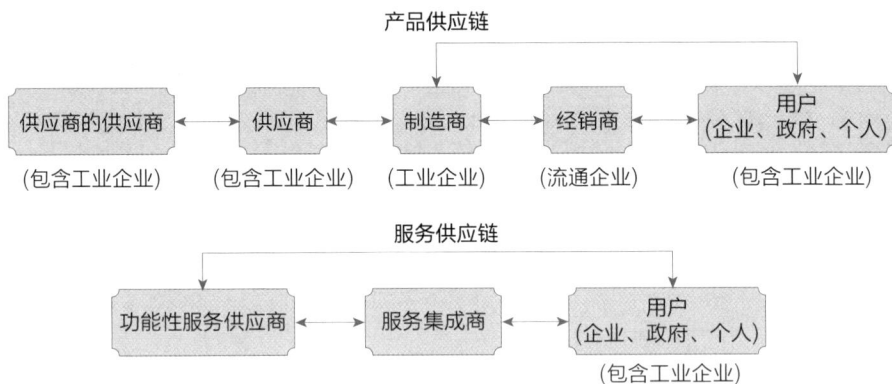

图 4-7 工业电商活动主体

从工业电商涉及的活动场景来看,包括面向企业内部各部门的场景、面向上游供应商的采购场景以及面向下游经销商和面向用户的销售场景,如图4-8所示。

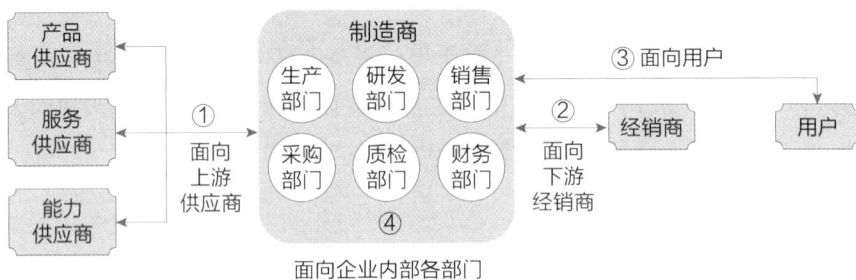

图 4-8 工业电商活动场景

(二) 工业电商的作用

以互联网为代表的新一代信息技术与工业生产、商业流通的深度融合推动了工业电商的发展,这正成为驱动新一轮科技革命与产业变革的重要力量。

1. 工业电商是我国电子商务现阶段发展的主力军

随着互联网从消费领域向工业领域不断拓展,企业数字化转型势在必行,以B2B为主要特征、以供应链管理为核心的工业电商迎来巨大机遇,成为各方关注的焦点。整体而言,工业电商实现了电子商务边界和范畴的丰富、拓展和创新。

2020年以来,工业电商企业聚焦行业发展难点、痛点和堵点问题,充分发挥支撑和赋能的作用。一是促进复工复产。依托平台上汇集的应急物资信息,打通从原材料、生产设备到产成品的整条产业链,实现了产销打通,带动了上下游企业协同复工,缓解应急物资的紧缺状况。二是加快供需对接。加快搭建应急物资供需信息发布平台,组织供应链上下游企业对接重点疫区物资需求,助力供需双方进行高效的匹配对接。三是赋能中小企业。通过直采平台、在线直播、供应链金融等新模式帮助企业节省采购成本,扩大订单规模,满足融资需求。通过基于工业互联网平台的App引导企业将业务系统向云端迁移,实现更全面的数字化转型。

2. 工业电商是工业互联网平台落地应用的有效抓手

发展工业电商是推动工业互联网平台落地的重要抓手,对制造业的数字化转型具有重要的先导作用和引领作用。具体体现在以下几点:

一是从工业互联到数据增值。工业电商能够有效带动供应链上各类主体开展生产设备及智能产品的泛在接入,供应链运营管理流程的云端化迁移和经营管理系统与工业电商平台无缝对接,为制造业数字化转型搭建重要载体。

二是从工业互联到供应链增值。工业电商围绕企业供应链管理的丰富场景需求,促进面向供应链上游的数字化集中采购,面向供应链下游的全渠道营销,以及设备、产品预测性维护等定制化解决方案的培育与实施。

三是从工业互联到跨界生态。工业电商以供应链、产业链和价值链为核心,充分聚合工业企业、上下游企业、终端用户、平台企业、科技企业和金融机构等各类主体,探索出多种共建共享的商业模式与合作机制,为打造资源富集、融会贯通、协同演进的工业互联网平台生态体系奠定了重要基础。

3. 工业电商推动实体经济与数字经济深度融合发展

工业电商沿着数字化、网络化、智能化的方向协同式、螺旋式迭代创新和优化升级,正在全方位、全环节、全层次塑造工业数字经济,助推企业数字化转型与变革。

随着工业电商市场规模的进一步扩大,其服务内容也不断延伸,从信息展示到聚合服务,为产业链上下游企业提供包括金融、物流、系统集成、数字化采购与营销等多项综合服务,成为赋能实体经济、发展数字经济的重要着力点。

❖ 探索驱动

数字化"加"消费品工业,怎么加?

消费品工业既是我国重要的民生产业和传统优势产业,也是保障和满足人民群众日益多元化消费需求的重要支撑。那么,当消费品被数字技术赋能后会怎样呢?

海尔集团以物联网生态为主线,通过开发以用户为中心的大规模定制模式,持续创新丰富产品种类;桐昆集团不断突破关键技术瓶颈,率先研发使用智能外观检测系统等新一代质控管理系统,推动了纺织行业向智能化、数字化制造模式转型升级;中盐京津冀公司利用数字化技术推动业财融合,推进数字化全面追溯系统建设,促进仓储物流信息化改造。

新一代数字技术正在重塑整个经济社会生态,各行各业都面临着适者生存的考验。如何迎接浪潮奔涌的数字新时代,对于消费品企业而言并不是选答题,而是必答题。未来消费品行业的竞争,必将是企业数字化能力的竞争。

4. 工业电商是平台经济的典型代表

随着工业电商应用场景的不断丰富及技术体系的持续提升,互联网平台成为当前工业电商发展的核心载体,培育出平台经济多种新模式新业态,主要表现为:一是有效推动"互联网 + 生产";二是积极带动"互联网 + 服务业";三是不断促进"互联网 + 创业创新"。

🔳 团队合作

通过网络调研和实地走访等方法调研本地区工业电商的发展现状,从政策导向、行业现状和典型企业等方面进行调研,形成《某地区工业电商发展调研报告》并与同学分享交流。

(三) 工业电商的发展历程

工业电商的发展经历了三个阶段,如图4-9所示。

1. 工业电商 1.0 阶段

工业电商 1.0 阶段以信息对接和即时交易为核心,通过匹配供应商和需求方在平台上发布的供需信息,撮合供需双方进行交易,平台企业收取中介费用。此时的工业电商平台主要还是工业产品供需信息对接平台,用户利用平台客户资源汇集优势,拓展销售渠道,扩大客户资源。伴随电子商务模式的成熟,平台的交易功能逐渐完善,工业品线上交易的即时性、透明化优势逐渐显现,工业电商平台线上交易应用开始普及,涌现了一大批工业电商企业,开展工厂直销、集采集销等模式创新。

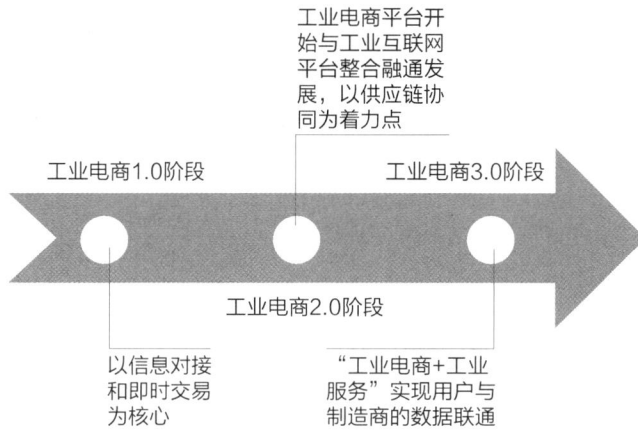

工业电商平台开始与工业互联网平台整合融通发展，以供应链协同为着力点

工业电商1.0阶段

工业电商3.0阶段

工业电商2.0阶段

以信息对接和即时交易为核心

"工业电商+工业服务"实现用户与制造商的数据联通

（资料来源：智研咨询）

图 4-9　工业电商发展历程

2. 工业电商 2.0 阶段

随着大数据、人工智能等新一代信息技术的突破和应用，新一代信息技术与制造业融合成为变革制造业的主要手段，工业互联网平台应运而生。工业电商平台与工业互联网平台整合融通发展，促成以供应链协同为着力点的工业电商 2.0 阶段。两者的衔接打通了生产过程与在线交易数据，促进供应链协同。由"链主企业"带动供应链内中小企业开展智能化改造，形成从经营管理到供应链管理，再到生产管理和交易服务等环节的无缝对接，提高供应链运转效率。

3. 工业电商 3.0 阶段

经过多年的数据积累，工业电商平台已经汇集了大量采购数据，能够为供应商提供相对准确的用户需求信息，驱动以用户需求为中心的生产制造（C2M），有效提高用户满意度和黏性。并且越来越多的工业电商企业为了提升交易品附加值，将在线交易与仓储、物流、金融、信用评级、人才培训、质量认证等服务环节深度绑定，实现"研发—设计—采购—生产—销售—服务—研发"的交易品全生命周期闭环，打造能够有效连接制造商与用户的工业电商平台。

（四）工业电商相关政策

为促进我国工业电商发展，近期相关部门结合实际出台的相关政策如表 4-2 所示。

表 4-2　工业电商相关政策

发布时间	政策文件	政策主要内容
2015 年 5 月	国务院发布的《中国制造 2025》	首次提出布局工业互联网相关政策,工业互联网正式上升为国家战略,为未来中国工业互联网发展奠定基础
2017 年 9 月	工业和信息化部发布的《工业电子商务发展三年行动计划》	鼓励中小企业依托第三方工业电商平台开展委托采购、联合采购、即时采购等网络采购新模式,降低运营成本,提升运营效率
2019 年 2 月	商务部等 12 部门发布的《关于推进商品交易市场发展平台经济的指导意见》	明确工业品 B2B 平台的职能之一是推动生产资料市场的供需对接
2020 年 3 月	工业和信息化部办公厅发布的《工业和信息化部办公厅关于推动工业互联网加快发展的通知》	提出"加快新型基础设施建设、加快拓展融合创新应用、加快健全安全保障体系、加快壮大创新发展动能、加快完善产业生态布局、加大政策支持力度"六方面 20 条举措,为我国加快工业互联网创新发展提供了行动指南
2021 年 10 月	商务部、中央网信办、国家发展改革委发布的《"十四五"电子商务发展规划》	提出发展目标:到 2025 年,工业电子商务普及率达到 73%
2021 年 11 月	工业和信息化部发布的《"十四五"信息化和工业化深度融合发展规划》	引导行业组织、科研院所、龙头企业等深化大数据、区块链、工业互联网等技术应用,提升产业链数字化水平,增强产业链供应链协同运作的精准性和敏捷性。加快发展工业电子商务
2021 年 12 月	工业和信息化部等 8 部门联合发布的《"十四五"智能制造发展规划》	以新一代信息技术与先进制造技术深度融合为主线,加快构建智能制造发展生态,建成 120 个以上具有行业和区域影响力的工业互联网平台,深入推进制造业数字化、智能化转型升级
2022 年 10 月	党的二十大报告	坚持把发展经济的着力点放在实体经济上,推进新型工业化,加快建设制造强国、质量强国、航天强国、交通强国、网络强国、数字中国

二、工业电商平台

工业电商平台的分类方式有多种,其中,最常见的就是按照商品类型对工业电商平

电子商务基础与应用

台进行划分,包括直接物料工业电商平台、MRO 工业电商平台、能力资源工业电商平台和综合工业电商平台四大类。

(一) 直接物料工业电商平台

直接物料工业电商平台是围绕特定行业工业企业及其合作伙伴对直接物料的交易需求,提供多元化、精细化服务的电子商务平台。直接物料工业电商平台交易的商品有钢铁、煤炭、石油、化工、建筑材料、电子元器件等构成工业品的材料和零部件,具有交易金额大、价格波动大、应收账款账期长的特点。以摩贝化学品电商综合服务平台为例,其主要服务对象为全球化工、医药、新材料等行业,致力于打造化合物百科数据库、行业资讯、化学品现货交易、供应链金融以及供应链服务为一体的化学品电商综合服务平台。摩贝平台首页如图 4-10 所示。

图 4-10　摩贝平台首页

(二) MRO 工业电商平台

MRO 是维护(Maintenance)、维修(Repair)和运行(Operation)的简称,是指在实际的生产过程中不直接构成产品,只用于维护、维修、运行设备的物料和服务,即 MRO 是指非生产原料性质的工业用品。MRO 工业电商平台交易商品主要有机电设备、气动元件、办公用品等不直接构成工业品的商品,具有行业集中度低、采购环节多的特点。以京东工业品一站式工业品采购平台"京东五金城"为例,其拥有智能采购管理平台和智能工业物联网产业平台解决方案,能够为供应链管理上、中、下游企业提供的数字化管理行为及资源服务。京东五金城首页如图 4-11 所示。

图 4-11　京东五金城电商平台首页

（三）能力资源工业电商平台

能力资源工业电商平台是围绕制造资源和制造能力的均衡配置,提供制造能力类在线化、网络化、协同化服务的电子商务平台。该类平台交易的商品包括生产加工能力、产品检测能力、仓储能力等,可以有效配置闲置工业资源,是工业互联网赋能共享经济的典型应用。以互联网云制造服务平台公司智能云科为例,该公司以"互联网+"理念为框架,智能数控设备为基础,高端工业服务为途径,整合广泛社会资源,打造社会化协同的云制造服务平台,为企业和个人客户群体提供一站式的云制造服务,从而形成一个全新的制造生态系统。智能云科的 iSESOL 工业互联网平台如图 4-12 所示。

图 4-12　智能云科的 iSESOL 工业互联网平台页面

（四）综合工业电商平台

综合工业电商平台是围绕不同行业工业企业及其用户和合作伙伴对不同物料和制造能力的交易需求,提供一体化、协作化服务的电子商务平台。该类平台的交易商品涵盖各类型工业商品,资源汇集能力强。如阿里巴巴旗下的 1688 平台就是典型的综合工业电商平台,1688 平台以批发和采购业务为核心,通过专业化运营,改善客户体验,全面优化企业电子商务的业务模式。目前 1688 平台已覆盖原材料、工业品、服装服饰、家居百货、小商品等行业大类,提供从原料采购到生产加工,再到现货批发等一系列的供应服务。

三、工业电商模式

以互联网技术为依托、深度服务工业品流通领域的电商企业已成为传统工业品销售企业进行转型的重点渠道。就目前国内已存在的工业电商企业而言,其运营模式可分为以下四类。

（一）"纯交易"模式

在"纯交易"模式中,工业品买卖双方通过电商平台实现了快速响应与精准匹配,节省了以往线下找货、需求匹配等时间,不断激活中国制造企业的对外输出价值;同时,依托平台自身所打造的供应链服务能力实现线下深度服务,比如物流及时送达、仓储寄存或者供采双方的联合库存管理等。典型代表有西域网、震坤行工业超市等。

（二）"资讯＋交易"模式

"纯交易"模式的获客源需要在不断的产品交易中进行沉淀实现,而"资讯 + 交易"模式中的获客来源,往往得益于前期资讯所累积下来的会员体系客户,这种客户在后期有很大机会向平台的交易主体转换,即平台有了一定的交易种子客户保障。典型代表有中国工控网、海智学院等。

（三）"基础设施"模式

"基础设施"模式的提出,是源于阿里、京东等电商企业的综合性第三方电商平台属性,特别是综合能力的建设,比如仓储、物流、电商营销、大客户资源沉淀等,它们带着一种天然的互联网基因进入工业品流通领域,形成了工业电商的"基础设施"模式。典型代表有京东五金城、1688超级店等。

（四）"供应链输出"模式

"供应链输出"模式是规模采购平台将其内部成熟的采购系统进行对外标准化输出。通常的模式是围绕采购方的核心痛点,提供全流程采购管理体系及工具,包括采购需求计划、供应商寻源管理、采购交易管理、采购执行协同,并且平台支持与多种ERP集成,而且平台还支持企业进行自行采购和法定招标,最终实现采购业务的全流程电子商务应用。典型代表有宝钢欧冶云商旗下的"欧冶采购"与中国石化旗下的"易派客"等。

◈ 视野拓展

工业互联网

工业互联网的本质是通过开放的、全球化的工业级网络平台把设备、生产线、工厂、供应商、产品和客户紧密地连接和融合起来,高效共享工业经济中的各种要素资源,从而通过自动化、智能化的生产方式降低成本、提高效率,帮助制造业延长产业链,推动制造业转型发展。工业互联网概念全景图如图4-13所示。

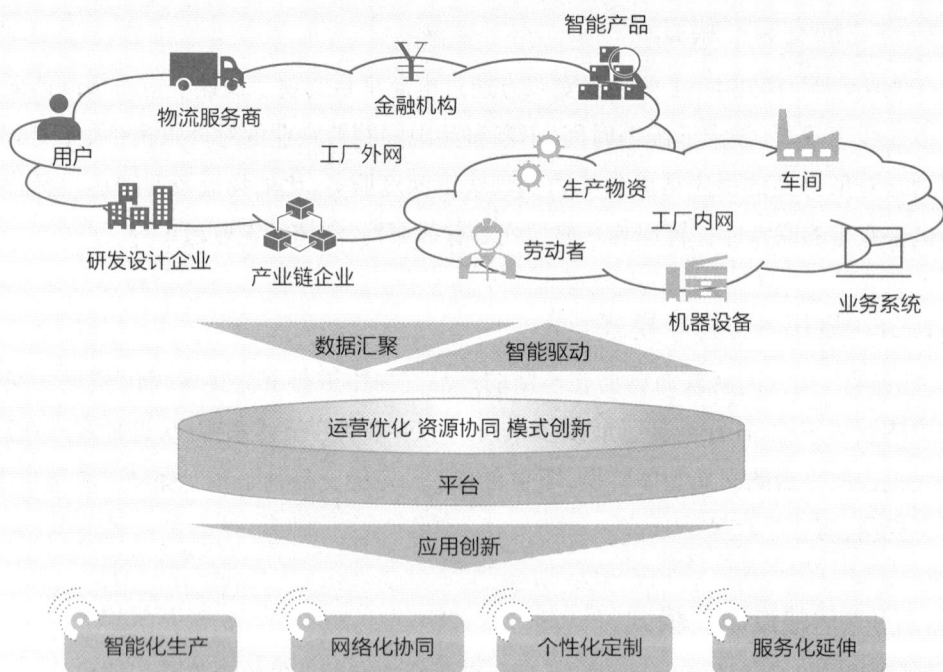

（资料来源：艾瑞咨询、申港证券研究所、中商产业研究院）

图4-13 工业互联网概念全景图

2015年5月,国务院正式发布《中国制造2025》,首次提出布局工业互联网相关政策,工业互联网正式上升为国家战略,为未来中国工业互联网发展奠定基础。近几年,我国工业互联网市场规模及产业增加值持续增长。2022年第一季度,我国规模以上工业增加值同比增长6.5%,工业互联网产业规模超过万亿元大关。工业互联网的行业应用不断深化,已在研发设计、生产制造、运营管理等45个国民经济大类得到广泛应用,特别是"5G+工业互联网"正在向生产控制环节加速延伸。国家工业互联网大数据中心等75个项目建成投入运行,全国"5G+工业互联网"在建项目总数达到了2 400个。实施中小企业数字化促进工程,组织100家以上工业互联网平台为10万家以上中小企业提供数字化转型服务,推动10万家中小企业业务上"云"。

第四节　跨境电商:开放共赢大格局

一、跨境电商概述

跨境电子商务(简称"跨境电商")是电子商务跨境开展业务的一种形式。2018年11月,商务部、发展改革委、财政部等六部门联合发布《关于完善跨境电子商务零售进口监管有关工作的通知》,跨境电商国家政策全面升级。随着大数据等新一代信息技术应用于跨境贸易、生产、物流和支付,跨境电商中的各个领域与环节逐步实现数字智能化转型,跨境电商迎来了新的增长点。

(一) 跨境电商的概念

跨境电商是指分属不同关境的交易主体,通过电子商务平台达成交易、进行支付结算,并通过跨境物流送达商品、完成交易的一种国际商务活动,包括进口跨境电商和出口跨境电商。

1. 进口跨境电商

进口跨境电商主要是通过跨境电商平台,选购各个国家和地区的商品,然后通过平台在国内展开销售,客户主要是国内消费者。典型代表有京东全球购、天猫国际等。

2. 出口跨境电商

出口跨境电商一般是通过海外的电商平台将国内商品上传销售至海外。跨境出口面向国外市场，如通过阿里巴巴速卖通、环球资源网、中国制造网、敦煌网等获得客户，交易方式可以是传统的外贸或者线上交易。

（二）跨境电商的发展历程

1999年，阿里巴巴的成立拉开了中国跨境电商发展的序幕，中国对外出口贸易实现互联网化。中国跨境电商的发展共经历了三个阶段，如图4-14所示。

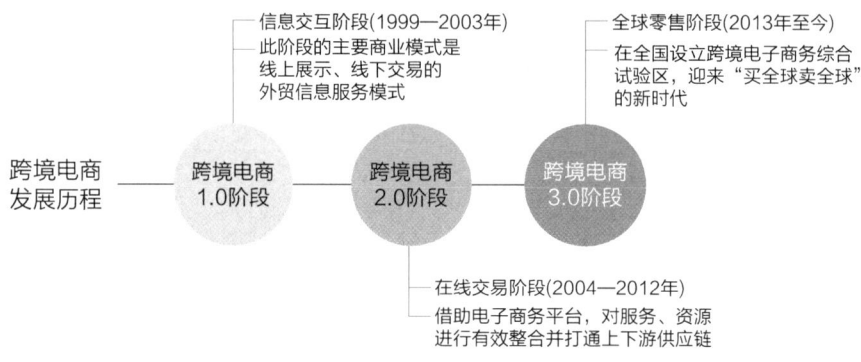

图4-14　跨境电商发展历程

1. 跨境电商1.0阶段——信息交互阶段（1999—2003年）

最初，中国供应商通过互联网黄页将中国企业的产品信息向全球客户展示，买方通过阿里巴巴平台了解到卖方的产品信息，然后双方通过线下洽谈成交。2000年前后，部分国内企业和个人开始在eBay和亚马逊等国外平台尝试开展跨境电商，但并没有形成规模。

此阶段的主要商业模式是线上展示、线下交易的外贸信息服务模式。主要的功能是为企业信息以及产品提供网络展示平台，网络上并不涉及交易环节。

2. 跨境电商2.0阶段——在线交易阶段（2004—2012年）

2004年，跨境电商步入2.0阶段。在这个阶段，跨境电商平台开始摆脱纯信息黄页的展示行为，将交易、支付、物流等流程实现电子化，逐步实现在线交易功能。

相比较第一阶段，跨境电商2.0阶段更能体现电子商务的本质，即借助电子商务平台，对服务、资源进行有效整合并打通上下游供应链。

跨境电商2.0阶段包含B2B及B2C两种模式，B2B平台模式是跨境电商主流模式，通过直接对接中小企业商户实现产业链的进一步缩短，提升商品销售利润空间。

3. 跨境电商 3.0 阶段——全球零售阶段(2013 年至今)

2013 年是跨境电商的重要转型年,跨境电商全产业链出现了商业模式的变化。我国于 2015 年出台文件支持在全国设立跨境电子商务综合试验区,迎来"买全球卖全球"的新时代。

在跨境电商 3.0 时代,跨境电商企业在继续发挥小微跨国企业的优势之外,将不得不在市场、人才和品牌建设方面投入更大的力量,实现从拼价格到拼产品、拼品牌转变。跨境电商企业将依托自己的优势迅速建立全球化的品牌,把自己打造成真正的"全球售卖"企业。跨境电商企业将是中国企业走出去开展全球贸易,建立全球品牌的先锋。在此背景下,全球跨境电商企业也呈现出市场规模不断扩大、地区差异逐渐缩小、企业并购趋于频繁的整体态势。

(三) 跨境电商的发展现状

1. 新技术帮助解决行业痛点

跨境电商涉及物流、资金流、信息流的跨境流动,在货币兑换、物流运转、退换货、售后服务等方面存在痛点。随着数字化时代的到来,5G、区块链、大数据、云计算等新技术的发展极大地提升了用户在跨境支付、跨境物流以及跨境售后服务等方面的体验。

2. 与国际积极合作扩大跨境出口

近年来,经济环境的变化对境外产品的生产及物流造成了一定的影响,部分线下交易也转至线上,海外消费者线上购物占比快速上升。同时,随着"一带一路"等一系列国际合作政策的持续推进,中国出口跨境电商增势迅猛。

3. 海淘用户持续增长激发进口品消费需求

2021 年,我国跨境电商进出口额达 1.92 万亿元,随着经济的复苏、相关政策的完善以及中国市场的进一步开放,居民对进口品的消费需求随之释放,中国海淘用户保持持续性增长。

◆ 主题讨论

查阅商务部"全国电子商务公共服务网"上关于跨境电商的最新资讯,讨论跨境电商的最新发展趋势。

(四) 跨境电商的发展趋势

随着信息技术的进步,我国跨境电商在消费全球化、产业升级转型的浪潮中具备强

劲的成长动能,其发展趋势表现为以下几个方面:

1. 政策助力跨境电商健康发展

近年来,我国多次发布前瞻性政策鼓励跨境电商发展,各类跨境电商平台在紧抓政策机遇的同时,也进一步加强行业自律,从产品质量、物流体系、服务体系等多个方面打造良性生态。近阶段我国出台的跨境电商相关政策如表4-3所示。

表4-3　跨境电商相关政策

时间	政策文件	政策主要内容
2020 年 6 月	海关总署发布的《关于开展跨境电子商务企业对企业出口监管试点的公告》	自 2020 年 7 月 1 日起,跨境电商 B2B 出口货物适用全国通关一体化,也可采用"跨境电商"模式进行转关。首先在北京、天津、南京、杭州、宁波、厦门、郑州、广州、深圳、黄埔海关开展跨境电商 B2B 出口监管试点,根据试点情况及时在全国海关复制推广,有利于推动外贸企业扩大出口,促进外贸发展
2021 年 7 月	国务院办公厅发布的《国务院办公厅关于加快发展外贸新业态新模式的意见》	在全国适用跨境电商企业对企业(B2B)直接出口、跨境电商出口海外仓监管模式,完善配套政策。扩大跨境电子商务综合试验区试点范围。积极开展先行先试,进一步完善跨境电商线上综合服务和线下产业园区"两平台"及信息共享、金融服务、智能物流、电商诚信、统计监测、风险防控等监管和服务"六体系",探索更多的好经验好做法
2021 年 10 月	商务部、中央网信办、国家发展改革委发布的《"十四五"电子商务发展规划》	倡导开放共赢,支持跨境电商和海外仓发展
2022 年 1 月	国家发展改革委发布的《"十四五"现代流通体系建设规划》	发展外贸新业态,促进跨境贸易多元化发展,推动跨境电商平台完善功能,引导企业优化海外仓布局,提高商品跨境流通效率

2. 产品宽度向深度转变,垂直性创新成为核心竞争力

随着分众、圈层消费的日益深入,未来跨境电商用户的需求将向垂直化、精细化发展,产品宽度将向深度转变,垂直性创新将成为平台的核心竞争力。产品贸易转向服务贸易,服务红利价值释放。对于卖家与消费者而言,跨境电商已不再是纯粹的产品贸易,由物流、客服、支付等一系列叠加而成的服务贸易正成为跨境电商的新形式。伴随服务需求、服务价值的提升,未来跨境电商服务红利有望持续扩大。

电子商务基础与应用

3. 新基建打造坚实基础,数字经济与实体经济融合不断加深

强大的供应链体系成为跨境电商发展的重要基础,未来跨境电商领域内数字经济与实体经济融合将不断加深,平台通过线上赋能线下、线下引流线上,实现双线贯通。

🔲 团队合作

通过网络调研和实地走访方式调研某一跨境电商项目,从项目背景、平台选择、选品、运营流程等方面进行分析,并与同学进行分享交流。

二、跨境电商平台

(一) 跨境电商出口平台

1. 阿里巴巴国际站

作为全球最大的 B2B 跨境电商平台,阿里巴巴国际站成立于 1999 年,是阿里巴巴集团的第一个业务板块。作为推动外贸数字化的主力平台,阿里巴巴国际站物流已覆盖全球 200 多个国家和地区,累计服务超过 2 600 万个活跃企业买家。"门到门"服务能力是阿里巴巴国际站的亮点之一,通过一站式的店铺装修、产品展示、营销推广、生意洽谈及店铺管理等全系列线上服务和工具,帮助企业降低成本、高效率地开拓外贸市场,利用数字化重新定义全球货运标准。

2. 速卖通

速卖通是阿里巴巴集团旗下的跨境电商平台,由于具有供货商进入门槛低、全球市场广阔、订单多、交易活跃等特点,加上阿里巴巴集团的大力支持和资金的投入,其业务发展迅猛。作为全球第三大英文在线购物网站,速卖通平台通过支付宝国际账户进行担保交易,并使用国际快递发货,后台管理方便、发货操作简单,适合新手运营。

3. 亚马逊

亚马逊成立于 1995 年,其零售商品线涵盖了图书、音像制品、软件、消费电子产品、家用电器、厨具、食品、玩具、母婴用品、化妆品、日化用品、运动用具、服装鞋帽、首饰等类目。2015 年,亚马逊全球开店业务进入中国,旨在借助亚马逊全球资源,帮助中国卖家抓住跨境电商新机遇,发展出口业务,拓展全球市场,打造国际品牌。目前,亚马逊美国、加拿大、墨西哥、英国、法国、德国、意大利、西班牙、荷兰、瑞典、比利时、日本、新加坡、澳大利亚、印度、阿联酋、沙特和波兰 18 大海外站点已面向中国卖家开放,吸引数十万名

中国卖家入驻。

4. eBay

eBay 作为全球知名的跨境电商平台,凭借其独特的平台运营特点,拥有深厚的用户支撑基础。eBay 旗下有三个主要平台:① Paypal 支付平台,消费者可以进行电子收付;② eBay 网站,即网上交易平台;③ GSI(全球服务促进会)平台,是为零售商提供电商技术支持的一个平台。近年来,eBay 平台市场份额不断扩大,在营业收入和利润上都取得了不错的成绩,在全球几十个国家和地区都开展了相应的业务。eBay 有专门的客服服务卖家,可通过电话联系或者通过网络会话的形式进行沟通交流。该平台的定价方式也有多种,包括无底价竞标、有底价竞标、定价出售、一口价成交等。

5. Wish

Wish 创办于 2011 年,拥有 2 亿名用户,是美国第三大电子商务平台。Wish 是第一个以移动端为主的电商平台,抓住了用户的碎片化时间,非常注重技术的持续开发和应用,依托"算法 + 大数据",通过收集用户浏览轨迹分析用户的兴趣爱好,实现精准推送。对买卖双方而言,在该平台交易既节约了购物时间,又使产品曝光更有效,转化率更高。

6. Shopee

Shopee(中文简称"虾皮")于 2015 年在新加坡成立,随后业务拓展至马来西亚、泰国、印度尼西亚、越南、菲律宾等东南亚市场。Shopee 拥有的商品种类繁多,包括家居、美容保健、母婴、服饰等,该平台界面具有高度的设计感,为购买者带来了良好的购物体验。Shopee 平台既没有佣金,也没有上架费用,但有需要的卖家可以选择原生广告,并根据自己的意愿购买付费广告。

(二) 跨境电商进口平台

1. 天猫国际

天猫国际是阿里巴巴旗下的进口零售平台,致力于为中国消费者提供全球的进口好物,同时也是帮助海外品牌直接向中国消费者宣传、建立品牌认知和消费者洞察的跨境电商平台。截至 2021 年 12 月,共有全球 87 个国家和地区的 29 000 多个海外品牌入驻天猫国际,覆盖了 5 800 多个品类,其中 8 成以上品牌首次进入中国市场。

2. 京东国际

京东国际是京东集团旗下的跨境电商进口平台,前身为京东的"海囤全球"与"京东全球购"。作为国内首个全面专注于大进口业务的消费平台,京东国际通过在消费场景、营销生态、品质和服务、招商等方面全面升级,为消费者带来更加优质和丰富的进口商品购物体验,从而打造消费者可信赖的进口商品一站式消费平台。

3. 洋码头

洋码头成立于 2014 年,其经营模式是第三方 B2C,产品模式是直销直购直邮的"三直"模式。洋码头还打造了一个跨境电商物流体系,大大缩短了收到海外包裹的时间,帮助海外零售产业与国内消费者实现高效对接。

三、跨境电商模式

随着信息技术的进步与国际一体化进程的加快,跨境电商模式也越发多样。从交易主体及进出口性质来分,主要可以分为直邮进口、保税进口、B2B 出口、B2C 出口等跨境电商模式。

(一) 直邮进口模式

直邮进口模式通过跨境电商平台直接将海外经销商与国内消费者联系起来。与传统模式相对比,该模式的海外直供建立在买卖双方有一定规模的基础上,对平台自身有较高要求,并且卖家获得了品牌授权,可以提供更多服务,而跨境电商平台则提供全球化的购物环境。典型代表为天猫国际。

(二) 保税进口模式

保税进口模式是指在保税仓备货模式下的货物进口发货。商家提前从海外采购商品,备货至国内保税区,待客户在电商网站下单后,完成报税、征税、查验等通关手续与环节后,商品从保税区仓库打包发出,通过国内物流配送给消费者。但保税区仓库中的商品有相应的保质期限,一旦到期,跨境电商平台与商家需要承担相应的销毁费用。典型代表有跨境翼、上海跨境宝等。

(三) B2B 出口模式

B2B 出口模式主要分为两种方式:直接出口和出口海外仓(海关监管方式代码分别为"9710"与"9810")。直接出口是通过跨境电商平台将境内企业与境外企业连接起来,直接进行货物交易,并向海关传输相应的电子数据。海外仓模式是 B2B 出口模式中的主要表现形式之一,它是指国内企业将货物出口至海外仓后,通过跨境电商平台开展销售,货物直接由海外仓运抵境外企业。典型代表有阿里巴巴国际站、敦煌网、大龙网等。

（四）B2C 出口模式

对于中小型卖家来说，单个商品包裹的清关报关需要花费大量的精力，为了方便此类卖家跨境销售，2014 年 1 月，海关总署发布的《关于增列海关监管方式代码的公告》（总署公告〔2014〕12 号），增列海关监管方式代码"9610"，全称为"跨境贸易电子商务"，为销售对象为单个消费者的中小跨境电商企业服务，也称为"集货模式"。在此模式下，境外买家通过跨境电商平台进行网络购物与付款后，通过清单核放；买家收到货物后，销售企业再进行汇总申报。B2C 出口模式如图 4-15 所示。

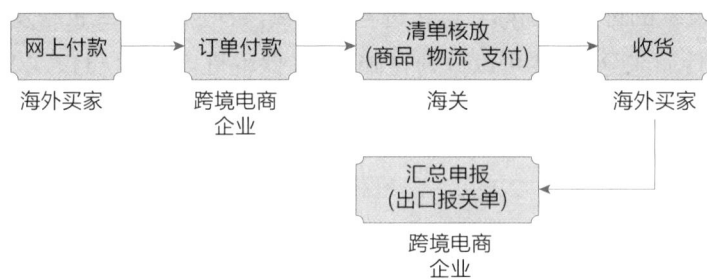

图 4-15　B2C 出口模式

🏵 视野拓展

跨境电商零售进口商品清单优化，增加滑雪用具等商品

2022 年 1 月，财政部、发展改革委、商务部等八部门发布《关于调整跨境电子商务零售进口商品清单的公告》，自 2022 年 3 月 1 日起，优化调整跨境电子商务零售进口商品清单。此次调整是在《跨境电子商务零售进口商品清单（2019 年版）》基础上的进一步优化，增加了滑雪用具、家用型洗碟机、番茄汁等 29 项近年来消费需求旺盛的商品。

《跨境电子商务零售进口商品清单》自 2016 年出台以来，共经过以下几次调整：2016 年 4 月，财政部等 13 个部门共同公布了两批清单，共包括 1 240 项商品，涵盖了食品饮料、服装鞋帽、家用电器以及部分化妆品、儿童玩具、生鲜、保健品等国内热销商品。2018 年 11 月，增加了健身器材等商品，清单商品数达到 1 321 个。2019 年 12 月，增加了冷冻水产品、酒类等商品，清单商品数达到 1 413 个。而经过此次优化调整，清单商品数达到了 1 476 个。

财政部表示，优化跨境电商零售进口商品清单，有利于促进跨境电商业态发展，丰富国内市场供给，更好满足人民美好生活需要，同世界共享市场机遇。

一、单选题

1. 中国电商直播元年是（　　　）年。

   A. 2016 　　　　　　　　　　　B. 2018

   C. 2019 　　　　　　　　　　　D. 2020

2. 第一个做电商直播的平台是（　　　）平台。

   A. 淘宝 　　　　　　　　　　　B. 蘑菇街

   C. 抖音 　　　　　　　　　　　D. 拼多多

3. 下列选项中，惠民网所属的农村电商平台类型是（　　　）。

   A. 农产品综合平台 　　　　　　B. 农产品信息平台

   C. 生鲜平台 　　　　　　　　　D. 农资平台

4. 下列选项中属于专业的农村电商平台的是（　　　）。

   A. 淘宝 　　　　　　　　　　　B. 微信

   C. 京东 　　　　　　　　　　　D. 农一网

5. 找钢网属于（　　　）工业电商平台。

   A. 直接物料 　　　　　　　　　B. MRO

   C. 能力资源 　　　　　　　　　D. 综合

二、多选题

1. 从主营业务属性划分，直播电商平台分为（　　　）。

   A. 电商平台 　　　　　　　　　B. 内容平台

   C. 社交平台 　　　　　　　　　D. 流量平台

2. 直播电商具有的社会经济效益包括（　　　）。

   A. 促进消费 　　　　　　　　　B. 扩大就业

   C. 产业升级 　　　　　　　　　D. 乡村振兴

3. 下列选项中，属于京东平台农产品电商模式的特点的是（　　　）。

   A. 双线发展 　　　　　　　　　B. 渠道下沉

   C. 拼团为主 　　　　　　　　　D. 第三方物流配送

4. 下列平台中属于跨境商出口平台的是（　　　）。

   A. 阿里巴巴国际站 　　　　　　B. Wish

   C. 速卖通 　　　　　　　　　　D. Shopee

5. 工业电商涉及的活动主体有（　　　）。

A. 供应商　　　　　　　　　　B. 制造商

C. 经销商　　　　　　　　　　D. 用户

三、简答题

1. 直播电商平台的分类标准主要有哪些？按照这些标准分类可以将直播电商平台分为哪些类型？

2. 发展农村电子商务有哪些社会价值？

3. 工业电子商务与消费电子商务的区别是什么？

4. 简述跨境电商的进出口模式及平台。

四、技能训练题

1. 对微店中农产品相关的店铺进行查阅分析，整理出农产品微店的分类。利用第三方平台，分析微店的运营状况。

2. 调研三家直播电商企业，分析各企业的直播电商有哪些岗位，详细描述每一种岗位的职责和技能情况，并对比三种岗位设置的异同。

五、综合案例分析题

敦煌网的促销选品方式

2022 年 2 月 14 日，持续一个月的敦煌网"春节不打烊"活动收官，活动期间交易额环比实现上扬，鞋、家纺、母婴等品类在春节期间表现尤其亮眼，大码服装和 cosplay 服装成为强势"黑马"，交易额同比去年增幅超过 200%。敦煌网联盟营销也"虎力全开"，滑板车、吸尘器、扫地机等高客单价产品均出现不同程度"爆单"。

敦煌网在虎年"春节不打烊"活动期间，推出流量倾斜、站内搜索加权等活动，为参与活动的商家商品直接导流，极大提升了商家的参与积极性，参与活动的产品数量与去年同期相比增长了 120%，覆盖备受海外追捧的热销单品，包括小家电、灯具、家居、服装等主流品类，吸引大量海外买家涌入；同时，卖家在线回复率在春节假期未出现下跌，反而比去年增长 23%，让海外买家对中国商品"春节忌采购"的刻板印象也有所改善。

在海外市场，敦煌网还在"春节不打烊"期间为买家投放千万元级别补贴，以多重优惠折扣激活买家消费热情。多款单价 200~600 美元不等的滑板车、吸尘器、扫地机等商品，通过敦煌网联盟营销推广，在此次"春节不打烊"活动期间出单超

100单,成为货真价实的"流量收割机"。

此次敦煌网"春节不打烊"优选海外仓备货充足的卖家商品,主推"现货 + 海外仓"商品,买家从敦煌网下单后可以直接从其所在国的海外仓发货,大大缩短了订单周期,物流运输速度加快,改善了客户的购物体验。同时,海外仓有效降低了跨境包裹的破损率和丢失率,即使在春节期间也能够把货物安全、准确、及时地送到终端客户手中。同时,敦煌网旗下综合性跨境物流业务平台 DHLink 推出了前置仓春节专享福利,帮助卖家面对春节运力短缺的挑战。

(文章来自新浪网新快报,有改写)

根据上述材料,查阅敦煌网相关资料,回答以下问题:

1. 简述敦煌网是如何进行跨境电商节日促销的? 除了文中提到的方式,还能运用哪些方法进行跨境电商节日促销?

2. 根据本案例,简述面对跨境电商市场,应如何进行选品?

实践电子商务运营推广

第五章

学习目标

【素养目标】

- 通过对电子商务选品与定价策略的学习,培育学生诚信守法的社会责任意识
- 通过对电子商务流量运营的学习,培养学生基于数据的科学精神和求真务实的职业素养
- 通过对电子商务数据分析的学习,培养学生尊重数据、实事求是、客观公正的职业道德

【知识目标】

- 了解电子商务选品原则和方式
- 了解电子商务流量的渠道来源
- 熟悉电子商务产品定价方法和策略
- 熟悉电子商务流量获取的方法和途径
- 掌握电子商务运营数据分析指标和工具

【技能目标】

- 能够根据电子商务选品原则和方式进行选品
- 能够运用电子商务产品定价方法进行产品定价
- 能够运用电子商务流量运营策略获取流量
- 能够运用数据分析工具进行运营复盘

内容概览

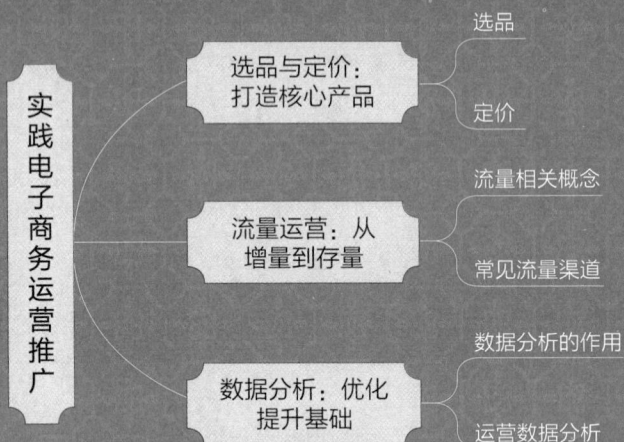

实践电子商务运营推广
- 选品与定价：打造核心产品
  - 选品
  - 定价
- 流量运营：从增量到存量
  - 流量相关概念
  - 常见流量渠道
- 数据分析：优化提升基础
  - 数据分析的作用
  - 运营数据分析

学习计划

◈ 素养提升计划

_____

_____

◈ 知识学习计划

_____

_____

◈ 技能训练计划

_____

_____

借力"商家会员"国潮品牌百雀羚的新突破

创立于 1931 年的百雀羚,是一个历史悠久的护肤品牌。2020 年,百雀羚完成了从"天然不刺激,百雀羚草本"到"科技新草本"的战略升级,用前沿科技激发天然草本卓效护肤潜能。

2021 年 3 月,百雀羚启动抖音电商品牌旗舰店直播,将百雀羚护肤之道分享给用户。百雀羚采用了服务商合作模式,在 2021 年"双 11"当日突破了 500 万元销售额。百雀羚是如何做到的呢?

一、会员招募:权益直击利益点,广布招募入口

核心权益:会员抽签 8.8 元购古风礼盒 /1 元购 50 片面膜。

百雀羚超品促销活动期间上线会员抽签功能,商品为品牌热销的价值 618 元的绿水青山丹鸾国风礼盒,中签会员可以 8.8 元购买。活动期间,在直播间通过主播口播引导用户参与,店铺首页海报宣传活动这一劲爆权益,直接激发消费者入会意愿,成功以少量高价值福利撬动大量新用户入会。年货节期间,百雀羚更换抽签购选品,选择了大众刚需的面膜产品上线抽签购,活动 3 天超千人入会。

二、会员转化:多种类权益组合拉新,客单价和销售量两不误

转化策略 1:设置 5 元无门槛开卡礼,累计核销率超 30%。无门槛优惠券可吸引会员入会并选择任意心仪的商品下单,避免在凑单过程中延迟下单或取消购买。另外,每月发放 2 张满 1 000 元减 50 元的大额优惠券,有效拉升会员客单。

转化策略 2:灵活使用会员专享商品券,会员专享商品直减 180 元,最低享受19.9 元会员价。会员专享商品券的核销率超 40%,既吸引新会员入会,又给老会员带来福利。

转化策略 3:除了权益本身,百雀羚还通过会员管家提供的飞鸽主动触达能力,在活动期间主动发布活动信息,成功召回历史入会用户参与品牌超品促销活动。

案例思考

1. 什么是电子商务运营推广?

2. 查阅资料,除了"商家会员",百雀羚还有哪些运营推广手段?

第一节　选品与定价：打造核心产品

电子商务运营推广是指对从产品生产到产品供应、线上售卖、物流配送和售后服务等全过程进行一系列管理的过程。与传统的市场运营不同，电子商务运营推广主要是以数据为导向来指导运营工作的，通过从数据中挖掘用户的行为模式和潜在需求，优化各种运营策略，促进企业的持续化发展。在电子商务中，选品与定价是电子商务企业运营推广的基础。

一、选品

选品与定价：打造核心产品

选品对于电子商务企业的运营推广具有重要的作用，电子商务企业需要通过数据分析了解竞品的竞争市场，做出合理的选品判断。

（一）选品原则

线上店铺选品需要满足一定的前提条件，如既适合市场又能有不错的盈利空间，或者不仅操作方便，同时还不容易产生交易纠纷等，不管是个人卖家还是电商团队，都希望选择最适合自己店铺运营的产品。一般电子商务企业选品的原则有以下几点：

1. 利润高的产品

现在网上多数的产品或品牌，要想打出知名度，推广的成本是必不可少的。如果产品的利润不高，那么将很难负担推广成本。微利产品要想盈利，需要依靠销量，而大销量的背后不仅是烦琐的工作流程和庞大的工作量，还很容易出现缺货、丢货、发错货等问题，同时，售后问题处理起来也很烦琐。因此，原则上对于普通店铺而言，选择利润较高的产品，可以方便店铺后期的发展。

2. 快消产品

快消产品是指可重复消费的产品，其利润相对较低，但因为销售量较大，所以产品的累积利润很高。这类产品如化妆品类、日用类、烟酒类商品等。

3. 方便售后的产品

有些产品的售后服务内容非常多，并且售后期很漫长，如电子类产品。售后服务复杂的产品不仅会增加店铺的工作量，还很容易因为售后问题导致中差评的出现，从而影响店铺信誉和信用。对于人力、物力和财力都十分有限的个人卖家而言，不太适合选择售后服务内容繁多的产品。

4. 市场验证过的畅销品

如果某种产品的市场反馈较好,并且买家愿意通过网上购物平台来购买该产品,说明市场对这种产品有充分的需求,该产品也适合在网上销售。

5. 非季节性产品

如果不具备货源、市场等优势,一般建议选择非季节性产品。季节性产品具有很强的周期性,销售旺季后会面临较长的销售淡季期,风险相对也较大。并且经历一个季度积累起来的产品优势很容易随着季节更替而消失,换季后可能还需要继续思考店铺定位和选品等问题。

🔲 团队合作

调研某一网店爆品打造的方法和流程,用思维导图的形式呈现出来,并与同学分享交流。

(二) 选品方式

在选品时,可以先根据产品品质、风格、类型、功能、价格等因素选择市场上最受欢迎的10款左右产品,再选择2款左右的主推款。选品的方式一般有自然选品和数据选品两种。

1. 自然选品

自然选品是指先将产品上架,然后测试不同产品的流量和销量,将排行靠前的产品留下来,将数据表现不好的产品下架。这种方法适合自己有货源、自己擅长该行业类目或自己设计制作的原创产品。这种选品方式比较简单实用,适合中小卖家进行基础选品。

2. 数据选品

如果是选择市场已有的产品,且不具备单独的货源优势,可以提前了解市场情况,如查看淘宝采购指数、1688采购指数和1688供应指数,了解市场行业发展;或关注淘宝排行榜或阿里排行榜中的关键词热搜榜、关键词上升榜、关键词转化率榜和新词榜等数据,选择有市场潜力的产品。一般情况下,可以选择飙升商品,也就是最近热度上升比较快的产品,关注该类产品的成交数量、成交金额、平均成交价格、成交热词等数据,全面分析该产品热度飙升的影响因素;还可以选择热销产品,如买家比较喜欢通过网络购买的产品、当季比较流行的产品等,全面分析该产品畅销的原因。经过详细的行业范围、行业占比、行业排名、同级别排名等数据分析,可以为店铺选品提供更多的指导,方便店铺运营者后期制定发展规划。常见的选品参照指数有百度指数和蝉妈妈等。

（1）百度指数。通过百度指数可以查看产品的长周期走势、客户的人群特性、产品搜索量和成交量的排行榜等，用于研究客户兴趣和习惯。卖家可以在搜索栏中输入想查询的产品类目的关键词，通过搜索指数、人群画像等指标对该产品进行全方位的分析。

◆ **网络探索**

登录百度指数，输入某一商品品类，查看其搜索指数、用户人群画像等。

（2）蝉妈妈。蝉妈妈提供抖音达人、商品、直播、短视频、小店等多维度数据分析服务，为商家提供智能匹配达人及一站式抖音营销服务。通过查看蝉妈妈平台提供的数据分析报告，可以使选品变得更加高效。

二、定价

网店的产品定价需要考虑多个方面的因素，主要包括市场环境、销售策略、产品形象和消费者心理等，富有技巧性的定价策略对转化率和销售额都会产生积极的影响。

（一）影响定价的因素

产品定价在不同的环境中，其影响因素也不一样。

1. 市场环境

市场环境是对产品价格影响较持久的一种因素，消费环境、市场性质、商品生命周期等都会影响市场环境，市场环境的变化直接会导致产品价格的变化，并且产品价格在很大程度上影响着消费者的购买意愿和购买数量，很多卖家为了扩大市场份额会选择低价策略，造成产品定价之间的恶性竞争。但不管是市场环境变化导致的价格变动，还是同行竞争引起的价格变动，产品本身的质量都是定价的基本前提。

2. 销售策略

产品定价通常具有多样性，部分产品的价格常年维持在一个平稳的区间，部分产品的价格却会随着销售环境的变化而变化。以电子产品为例，同一款产品，在推出初期时价格较高，然而随着新品的推出，会逐步调低其价格。

3. 产品形象

产品形象也是影响产品定价一个重要的定价因素，形象好、品牌知名度高、口碑好的产品在定价上有一定的价格优势，也容易被消费者接受。

4. 消费者心理

对消费者心理进行分析也是一种定价方式,如整数定价、尾数定价、折扣定价等都属于根据消费者心理进行定价的方法。

⬡ **主题讨论**

选择一个网店,分析其产品布局和产品定价的基本方法。

(二) 产品定价方法

在不同的环境中,可以采取不同的产品定价方法,一般来说,常用的产品定价方法包括以下几种:

1. 整数定价法

整数定价法适用于价格较高的一些产品,可以侧面体现出产品的质量,也可以提升产品形象,如价值较高的艺术品、珠宝等。

2. 尾数定价法

尾数定价法是指采用零头结尾的方式来对产品进行定价,常以"8""9"等数字作为尾数,给消费者一种价格便宜的感觉。

3. 分割定价法

分割定价法是指将价格高的产品分割成小份进行定价,如茶叶每斤 1 000 元,定价为每两 100 元,或者每包 58 元等。

4. 同价定价法

同价定价法是指将价格类似的商品定为相同价格,如"10 元任意购""9.9 元特价专区"等。

5. 成本加成定价法

成本加成定价法是指在成本的基础上,以相对稳定的加成率进行定价,采用该定价法进行定价的产品,其价格差距一般不会很大。

6. 习惯定价法

习惯定价法是指按照市场上已经形成的价格习惯来定价。

7. 数量折扣定价法

数量折扣定价法是指当买家购买的产品数量较多时,给予一定的优惠,如包邮、打折等。

8. 现金折扣定价法

现金折扣定价法是指降价处理或打折出售。在参与活动、促销、清仓、换季时,即可采用现金折扣定价法来对产品进行定价。

9. 组合定价法

组合定价法是指将两个或两个以上产品组合销售进行定价,如套餐搭配、关联销售等都可以采取组合定价的方式。组合定价法一般价格更优惠,可以节约一定的物流成本,同时可以带动关联产品的销量。

❀ 法治在线

2022 年 7 月起我国禁止价格欺诈新规施行

由市场监管总局公布的《明码标价和禁止价格欺诈规定》自 2022 年 7 月起施行。该规定明确了典型的价格欺诈行为,不再过多限制经营者的标价方式,灵活规定了网络交易明码标价的形式,对于明码标价规则和价格欺诈行为的认定更加科学合理。

明码标价不能简单理解为仅标示价格,经营者还应当标示与价格密切相关的其他信息,尽可能减少信息不对称,使消费者和其他经营者对价格所对应的商品或者服务价值有更为清晰的认识,减少价格欺诈的发生。

该规定明确的典型价格欺诈行为包括:① 谎称商品和服务价格为政府定价或者政府指导价;② 以低价诱骗消费者或者其他经营者,以高价进行结算;③ 通过虚假折价、减价或者价格比较等方式销售商品或者提供服务;④ 销售商品或者提供服务时,使用欺骗性、误导性的语言、文字、数字、图片或者视频等标示价格及其他价格信息;⑤ 无正当理由拒绝履行或者不完全履行价格承诺;⑥ 不标示或者显著弱化标示对消费者或者其他经营者不利的价格条件,诱骗消费者或者其他经营者与其进行交易;⑦ 通过积分、礼券、兑换券、代金券等折抵价款时,拒不按约定折抵价款;⑧ 其他价格欺诈行为。

❀ 视野拓展

跨境电商选品数据分析工具

跨境电商选品数据分析工具一般包括站内工具和站外工具。

一、站内工具

跨境电商平台都会有自带的站内数据工具,例如 eBay 的 eBay plus、亚马逊的四大排行榜、速卖通的数据纵横、Wish 的跨境商户数据分析平台及敦煌网的数据智囊等。以敦煌网的数据智囊为例,在该栏目下有一个行业动态和搜索词追踪栏目,通过行业动态可以把握行业最新发展动态,了解行业排名以及行业内的商铺和产品排名情况,追踪买家情报,了解行业买家主要集中在哪些国家或地区,区分不同国家或地区买家的购买规律。而根据搜索词追踪,则能了解行业搜索词和引流搜索词,显示热搜关键词,挖掘买家潜在需求。

二、站外工具

站外常用的工具有 Google Trend、VOTOBO.com。Google Trend 是 Google 推出的一款基于搜索分析的产品,通过分析 Google 全球的搜索结果,告诉用户某一搜索关键词各个时期在 Google 被搜索的频率和相关统计数据。VOTOBO.com 针对 eBay、速卖通、Wish 和亚马逊的热销排行及飙升排行进行实时监控,可以通过邮件订阅查看指定关键词下的热销产品的数据分析结果。

第二节　流量运营：从增量到存量

流量是电商运营的核心,电子商务企业前端流量的质量、规模、性质直接影响着后端的业务模式和运营策略。

流量运营:
流量相关概
念

一、流量相关概念

(一) 流量概念

流量是指在一定时间周期内,用户通过不同终端的数字设备(例如移动端、PC 端的智能设备等)访问网络服务时所产生的数据交换量。

当用户访问网络服务时,可以使用多种指标来衡量流量情况,例如访问量、网页浏览量等,这些被称为流量指标。借助不同的流量指标,可以评估或分析广告渠道的效果、用户行为模式、网站内部不同商品或服务的转化情况、网站用户体验或功能等。

(二) 流量来源

一般而言,流量可按照是否付费分为免费流量与付费流量。

1. 免费流量

免费流量是无须任何费用就可以产生的流量,如用户在浏览器中直接输入企业网址、用户在搜索引擎中搜索特定关键词后通过自然排名找到企业网站等属于免费流量范畴。

2. 付费流量

付费流量是通过资源引入、广告费用、资源互换等方式获得的流量,也称为采买流量。如在新浪网站首页、微信朋友圈、今日头条投放广告,广告曝光后用户通过点击到达网站的流量属于付费流量范畴。

(三) 流量运营

任何能带来流量的企业经营活动都属于流量运营的范畴。以付费流量为例,流量运营的主要要素包括以下几方面:

1. 运营目标确定

运营目标确定包括对总体推广目标及各阶段活动的推广目标做梳理和分解。

2. 流量获取

通过广告投放、内容优化、拓展渠道等方式获取流量。

3. 运营复盘

对流量获取和转化效果进行评估和复盘,为下一次推广和流量运营提供经验性参考。

🔲 团队合作

调研某一电商平台的流量来源,并分析其流量运营的方法和技巧,用思维导图的形式呈现出来跟同学分享。

二、常见流量渠道

流量运营:
常见流量渠
道

在电商运营推广过程中,常见的流量渠道包括 SEO 渠道、SEM 渠道、信息流广告渠道和社群渠道等。

（一）SEO 渠道

1. SEO 的概念

SEO（Search Engine Optimization）是指搜索引擎优化，是一种利用搜索引擎的搜索规则来提高目前网站（网店）在有关搜索引擎内的自然排名的方式。SEO 渠道是各电商企业一个重要的免费流量来源，是电商企业在流量运营的初始阶段的核心渠道，也是电商企业发展成熟之后的重要自然流量渠道。

SEO 渠道的有效性主要在于用户会通过搜索引擎获得特定信息和资源。当用户利用搜索引擎查找企业相关信息时，排名越靠前的企业获得的关注度及流量越高。

因此，SEO 渠道的核心目标是让特定关键词出现在搜索引擎中相对靠前的排名中，并以此来获得用户的关注和点击，进而获取流量。

2. SEO 渠道运营

SEO 的工作逻辑围绕"如何让搜索引擎更好地识别、抓取、索引和排名"展开，数据在 SEO 过程中能发挥作用的场景主要体现在如下几个方面：

（1）抓取信息分析。SEO 工作的第一步是抓取网站信息。企业在网站端的服务器日志中，通过 HTTP 中 User Agent 信息可以找到属于搜索引擎爬虫的标志（例如，百度 PC 端的标志为 Baiduspider）；通过统计其抓取频率、周期、范围、入站时间点等，可以更好地了解 SEO 的抓取情况，并更合理地制定网站地图、网站内链、内容上架等方面的规划。

（2）索引信息分析。在搜索引擎中可以查询网站已经被索引的网页信息，该信息可用于判断企业的总体网页被索引的情况。当发现大量网页（尤其是新网页）未被索引时，可通过内部站点结构设计、链接引导、搜索引擎提交等方式增加索引内容量。

（3）外链信息。外链是 SEO 工作的核心内容之一，在很大程度上决定了网站内容质量的高低。通过在搜索引擎中查询外链信息，可以判断外链的有效性及工作效果。

（4）排名信息分析。SEO 在运营之初会针对特定的关键词设定优化目标，尤其是品牌词、核心商品词、服务词等，需落在一定的优势排名范围内。借助搜索引擎工具，可以监控和查询特定关键词的排名信息，为 SEO 及绩效目标的达成提供参照。

（5）辅助内容生产。内容生产是 SEO 工作的核心之一。搜索引擎的工作目标也是将符合用户需求的更好的内容展示给用户。通过网站分析工具，可以分析通过不同的搜索关键词进入网站的用户在网站上的核心需求点，并将其加入内容创作、关键词梳理、关联内容发布、内部整合与发布等 SEO 环节中。

微信将在群聊场景开放电商类外部链接直接访问功能

2021年12月,微信公布在监管部门指导下的进一步互联互通方案,点对点聊天场景中将可直接访问外部链接,并将在群聊场景试行开放电商类外部链接直接访问功能。下一步,微信还计划开发自主选择模式,为用户提供外链管理功能。

微信此前已开放淘宝、抖音等外部链接,但必须首先跳转至提示页面,用户确认后才可访问该页面。本次更新后,从微信访问淘宝等电商类外链,将不会再出现提示页面。

微信方面表示,将继续在监管部门的指引下,以安全为底线,与各大互联网平台共同推进互联互通方案,积极配合其他互联网平台共同落实互联互通,探讨在其他平台上顺畅使用微信服务的技术可能性,为用户提供更好的体验。

(二)SEM渠道

1. SEM的概念

SEM(Search Engine Marketing,搜索引擎营销)是付费广告的一种,它依托搜索营销进行营销,是一种通过定位用户的搜索属性、意图和行为主动为用户推送信息的方式。与SEO类似,SEM也依赖于搜索引擎产生流量。

2. SEM渠道运营

SEM渠道内部已经预置了丰富的数据驱动的分析和优化方法,这里的数据应用主要是指非SEM内置类功能或应用,主要场景包括以下几个方面:

(1)预算申请与KPI制定。可以根据企业对SEM渠道下达的流量任务目标(例如会话数、独立访客数、订单量、销售额等)预测所需的营销预算,也可以基于审批的预算确定部门的KPI(Key Performance Indicator,关键绩效指标)或预期流量产出值。这种基于费用与目标的应用是SEM的典型应用场景之一。

(2)广告系列、广告组的预算分配。当需要将SEM整体预算拆分到广告系列或广告组等细分级别时,可以基于数据驱动的方法做预算分配。该过程与上述预算申请过程类似,只不过需要分别针对不同的广告系列或广告组建模,找到费用与KPI指标的关系,进而在分别控制各个变量的基础上,找到总体的最优分配方案。

(3)基于机器学习的再营销的人群定向、圈选与投放。在SEM中,最核心的行为是"找对人"。传统操作方式下的定向策略包括如下三种:① 基于条件的定向,如以到达网站、到达特定页面(如产品详情页)作为条件等;② 基于特定事件的定向,如根据是否提交了订单来确定用户;③ 基于 SEM 工具中人群属性的定向,如基于类型兴趣的方式确定用户。

通过机器学习的方式,可直接基于目标建模预测模型,然后通过模型预测的方式将可能转化的用户确定下来,这是一种更为智能且准确的人群定向方式。

(4) 基于网站流量的 SEM 效果评估与分析。通过网站分析工具,可以结合 SEM 的站外广告投放信息,总体评估 SEM 渠道效果的好坏,进而实现对渠道总体、广告系列、广告组、关键字、着陆页等详细运营要素的评估与优化。

◈ **主题讨论**

结合淘宝直播直通车运营,谈一谈你对搜索引擎营销的认识。

(三) 信息流广告渠道

1. 信息流广告的概念

信息流广告一般是指在特定媒体上,将图片、图文、视频等内容融入信息场景中,结合算法、投放内容及用户定位等多个要素进行广告投放。典型代表有微信朋友圈广告、微博信息流广告、知乎信息流广告等。

2. 信息流广告适用场景

信息流广告能达成多数企业营销场景或目标,如品牌曝光、企业形象树立、竞争对手对抗、大型促销活动宣传、新用户导入、老用户召回、商品交易和转化及引流等。但是,信息流广告的核心是精准投放,因此信息流广告最适合综合考虑流量规模和转化效果的营销场景,尤其适合于新品发布、商品交易、大型促销活动转化等场景。

(1) 新品发布:通过对新品的分析,将新品精准推送到可能购买的目标人群。

(2) 商品交易:直接以商品交易为核心的人群定向,将广告曝光于用户出现的任何场景。

(3) 大型促销活动转化:以促销活动为目标的人群精准匹配,更能促进转化效果提升。

(四) 社群渠道

1. 社群渠道的概念

社群渠道是指企业通过其官方社交媒介进行社群管理、社交营销、内容营销、事件营销或其他群体性传播、转化及运营的渠道,其以企业官方主体为核心,将相关的供应商、合作伙伴、潜在消费者、粉丝等相关方聚集起来,形成多(所有用户)对一(企业)的连接关系。典型代表包括线上社群渠道和线下社群渠道两种。线上社群渠道包括微信、QQ、微博、抖音、快手、知乎等,线下社群渠道包括门店、展厅、社团活动等。

2. 社群渠道适用的营销场景

社群渠道主要适用于围绕流量和用户的营销场景,以及与企业宏观目标相关的市场类营销场景,具体如下:

(1)企业口碑运营。通过检测企业口碑及评价,及时调整企业在市场、投资者、消费者及潜在用户中的形象。

(2)事件或信息传播。通过社群渠道覆盖企业核心用户群,在大型活动促销、企业新品上市、企业形象树立、公共关系传播等方面非常有效。

(3)事件营销和活动营销。通过裂变的方式引发线上线下多渠道的综合性传播与互动。

(4)用户运营。用于潜在用户向消费者的转化、用户黏性和留存提升、流失用户的召回、老用户的复购、新用户的引入等。

◆ **网络探索**

观察自己所在的微信社群,找出活跃的一个,分析其活跃的原因以及社群的营销推广方法。

◈ **视野拓展**

流量平台的营销模式

CBNData 数据显示,2021 年品牌最为关注的线上营销模式前三名的为直播营销、短视频营销和电商营销。其中,直播营销作为 2021 年的热门形态,成为众多品牌关注的焦点。

2021 年超七成品牌在淘宝、抖音开展直播,近一半受访商家同时布局淘宝、抖音,而且淘宝、抖音的品牌自播渗透率约为快手的 5 倍。微信视频号及京东的品牌自播渗透率相当,超两成品牌在这两个平台上自播。

在品牌看来,用户积累、价格优惠、平台流量扶持是自播 ROI(Return on Investment,投资回报率)的三大驱动因素,而且在自播渠道的搭建过程中,大部分品牌希望能够通过自营或共建的形式将自播渠道内化为品牌资产。

电子商务基础与应用

除了品牌自播之外,以达人为主体开展的短视频营销、社交媒体营销模式也成为品牌主重点关注的方式,并且转化效果是各品牌在投放时考虑的共同因素。

不同的是,品牌对于直播间主播的考量更多集中在主播过往的转化率以及投放预算上,而对于主播的选择更聚焦于内容受众与品牌目标市场的契合度及主播的垂直影响力方面。

第三节　数据分析:优化提升基础

一、数据分析的作用

随着互联网和信息行业的快速发展,电子商务已跨入大数据时代。作为网店运营者,面对数量众多的竞争对手,怎么才能让资源流入自家店铺? 要解决这个问题,首先要厘清数据分析的作用。一般来说,数据分析的作用包括以下四个方面:

(一) 发现问题

与专业的数据分析师相比,网店运营者主要需分析自己店铺的数据,做到随时监控全店各类数据,及时发现数据异常情况并制定解决方案。

(二) 分析问题

在发现数据问题后,就需要解决问题,解决方案一般建立在数据分析结果的基础上,如果店铺浏览量和访客数波动不大,但是成交额却大幅度下滑,网店运营者首先就要分析数据波动的原因:浏览量和访客数都没有发生大的变化,说明引流没有问题,但是转化率下降了;接着观察成交额波动的时间点,从什么时候开始下滑;然后确定店铺是否发生了改动,是否更改了店铺或商品详情页的装修。如果店铺未发生过改动,再分析商品的应季情况,是否仍旧是当季产品,是否依然能满足消费者的需求,是消费者喜好的商品,并通过行业市场分析行业目前的成交情况等。

（三）积累经验

解决异常数据不仅可以优化店铺运营,还可以帮助运营者积累经验,建立历史档案,更好地运营店铺。除了分析异常数据外,如果店铺运营形势较好,运营者也可以观察数据规律,积累相关经验,将其应用到本店铺其他商品的推广上,为店铺带来更大的收益。

（四）决策建议

数据分析可以为运营者的运营决策提供参考,如测款、选品、预测库存周期、预测市场变化等,通过数据的对比分析,帮助运营者选择更加适合推广的产品,减少盲目的投入。此外,通过观察和对比分析买家行为数据,还可以制定更适合的促销互动或推广方案。

团队合作

调研某一电商平台店铺的后台数据,分析店铺运营数据的类型、数据分析方法,用思维导图的形式呈现出来并与同学分享交流。

行业亮点

火山引擎:用数据打造业务增长的新引擎

火山引擎是字节跳动旗下的云服务平台,提供云基础、视频与内容分发、大数据开发与运维等服务。以火山引擎 DataLeap 平台为例,其拥有数据治理、数据监控以及任务调度等功能,客户数据进入平台后,会进行客户分层,使之进入不同的数据层,再结合智能分析产品进行行为分析服务,包括群体洞察、销售分析、营销分析等。在展示层提供大屏、PC 端、移动端展示,并将用户数据沉淀下来,同时输出用户完整的标签体系。标签包括基本的性别、年龄、地域等标签,也包含用户价值的分层,比如最后一年的交易频次、今年的产品大类、会员的类型、用户偏好等。数据化运营为企业业务增长提供了新的强有力的科技引擎。

二、运营数据分析

对于不同的平台,运营数据会有所区别。此处以淘宝网店为例进行主要运营数据分析。

（一）行业数据

了解行业概况是网店运营的前提。对行业数据进行分析,可以帮助运营者把握整个行业的市场行情,了解市场的变化趋势,降低网店的运营风险。此外,了解行业还包括了解同行业其他店铺的经营状况,如类目成交额、商品动销情况、行业销售排名情况等,运营者可以通过学习其他店铺的优点来弥补自己店铺的不足。

（二）店铺流量数据

店铺流量是指店铺的访问量,主要用来描述访问一个网站的用户数量(俗称"访客数"),以及用户所浏览的页面数量等指标。店铺流量常用的统计指标主要包括 UV 统计、PV 统计、用户来源分析、关键词分析、用户地区分析、浏览路径分析、着陆页分析和不同时段流量统计等几个基本数据。

◆ 网络探索

通过第三方数据分析平台,查找分析某一网店的店铺数据,并分析其变化原因。

---

1. UV 统计

UV(Unique Visitor)即网店的独立访客数,只对唯一 IP 访问数量进行统计,一天内同一访客多次访问网店只计算为 1 个访客,UV 统计等同于访问网店的用户数量。

2. PV 统计

PV(Page View)即页面浏览量,用户每打开一个页面就会被统计工具记录 1 次,用户多次打开同一页面,则对页面浏览量进行累计,就算刷新页面,该页面的页面浏览量也会增加 1 次。

3. 用户来源分析

用户来源是指用户进入网店的路径,如是来自站内的自然搜索、类目搜索、活动推广,还是来自站外的百度等搜索引擎或搜狐、新浪等媒体网站。

4. 关键词分析

关键词分析是指对用户访问的关键词进行的统计,即用户是通过哪些关键词进入店铺的。

5. 用户地区分析

用户地区分析主要统计用户地区、地区用户数量及不同地区的用户比例等。

6. 浏览路径分析

浏览路径是指用户在网站的浏览轨迹,如浏览了什么网页、在某网页停留的时间及从什么网页离开等。

7. 着陆页分析

着陆页分析是指记录用户进入网站的第一个页面,在其中可统计用户进入的数量和比例。

8. 不同时段流量统计

不同时段流量统计是指在日、周等时间单位内分析不同时段的网站流量变化。

(三) 收藏数据

收藏数据是指买家收藏店铺的数量,包括单品收藏数据和店铺收藏数据。当买家进入店铺后,如果没有产生转化,但是收藏了店铺或商品,这说明买家对店铺类型或商品很感兴趣,具有非常明显的购买意向,成交的可能性比一般买家更高。因此,对于卖家而言,不管是收藏店铺还是收藏商品,数量均是越多越好。收藏数据越多,买家返店的流量也就越多,产生购买行为的概率也会更高。

(四) 单品数据

单品数据是指单个商品的销售数据表现,如访客数、页面浏览量、点击率、访问深度、详情页跳出率、下单转化率、下单件数、下单买家数、客单价等。在查看该商品转化的相关数据时,如果离开店铺的顾客数占比高,直接转化占比低,则卖家需要关注商品详情页的页面描述、装修和性能,降低跳失率。如果该商品将买家引导至其他商品的占比较低,则卖家可以关注店铺商品之间的搭配,优化促销导购和关联营销,盘活入店流量。如果该商品被加入购物车的数量较低,下单和支付占比较低,则卖家可以注意优化商品详情页、价格和评价等因素,提升转化成效。

(五) 客服数据

客服数据主要反映客服人员的工作情况,如工作业绩、工作态度等。首先对客服个人、客服团队及店铺整体数据等进行全方位的统计分析,了解店铺整体的客服情况。然后统计客服的销售额、销售量和销售人数,了解客服的营销情况。接着统计客服的客单价、客件数,了解客服的关联营销能力。最后从多维度统计客服的转化率,包括从询单到下单的成功率、从下单到付款的成功率、从询单到付款的成功率等,了解客服的职业技能水平和服务水平。

对不同阶段的统计情况进行分析,不仅可以分析出客服人员的基本状况,还有利于运营者有针对性地开展客服培训,提高客服服务质量和咨询转化率。

(六) 服务数据

服务数据主要体现店铺的服务质量,包括退款及维权情况、评价概况等。通过退款及维权分析,卖家可以了解店铺近30天的退款情况和纠纷情况,退款率和纠纷率均会对店铺商品的排名产生影响,因此,在查看退款率和纠纷率时,卖家应先注意分析产生退款或纠纷的原因,再根据原因进行完善和优化。

(七) 物流数据

物流数据主要反映店铺的物流情况,包括正在派送的包裹数、已揽收包裹数、已签收的包裹数、异常包裹数、物流差评率、物流详情完整度、拒签率等。物流是影响商品和店铺排名的重要权重指标,卖家应该及时关注物流情况,处理异常包裹。

◈ 主题讨论

以某一网店为例,讨论其运营数据的分类以及数据获取的渠道。

◈ 视野拓展

根据数据应用环节选择数据分析工具

数据分析工具种类繁多,使用难度、场景、效率不一。每种数据分析工具都有其侧重的功能,在不同的数据应用场景下,选择合适的工具有助于实现效率最大化。

在数据获取时,可以通过 SQL 从数据库中提取数据,也可以通过 Python 爬取数据。

在数据处理时,如果数据量不大,Excel 是最方便快捷的数据处理工具;在数据量较大的情况下,SQL 和 Python 的使用更为常见;在大量不可变数据的批处理作业中,Hive 则最为合适。

在分析建模时,Excel、BI 等工具适合于简单分析处理;涉及建模时,R、SPSS 这类专业的统计分析软件更能发挥优势。

在进行数据可视化时,可以用专业的可视化工具去做,可视化工具在细分上也有很多种,像普通的业务数据分析师和业务人员可以使用常见的 BI 工具 Tableau、PowerBI、FineBI 等,报表工程师更适合选择专业的报表工具如 Finereport 等;开发人员还可以选择一些在线型可视化工具,如 ECharts 等。

一、单选题

1. 以下选项中不属于影响定价的关键因素的是（　　）。

   A. 市场环境　　　　　　　　　　B. 销售策略

   C. 消费者心理　　　　　　　　　D. 生产时间

2. 如茶叶每 500 克 500 元,定价为每 50 克 50 元,则这种定价方法是（　　）。

   A. 整数定价法　　　　　　　　　B. 尾数定价法

   C. 同价定价法　　　　　　　　　D. 分割定价法

3. （　　）的核心目标是让特定关键词出现在搜索引擎中相对靠前的排名中,并以此来获得用户的关注和点击,进而获取流量。

   A. SEO　　　　　　　　　　　　B. SEM

   C. 信息流广告　　　　　　　　　D. 社群

4. 以下选项中不属于信息流广告范畴的是（　　）。

   A. 微信朋友圈　　　　　　　　　B. 微博

   C. 知乎　　　　　　　　　　　　D. 搜索引擎优化

5. 以下选项中不属于数据分析的作用的是（　　）。

   A. 发现问题　　　　　　　　　　B. 分析问题

   C. 积累经验　　　　　　　　　　D. 分析报告

二、多选题

1. 以下选项中更加适合在线上店铺进行销售的是（　　）。

   A. 利润高的产品　　　　　　　　C. 方便售后的产品

   B. 快消产品　　　　　　　　　　D. 市场验证过的畅销品

2. 下列渠道属于电商流量渠道的是（　　）。

   A. SEO 渠道　　　　　　　　　 B. SEM 渠道

   C. 信息流广告渠道　　　　　　　D. 社群渠道

3. 流量运营的主要要素包括（　　）。

   A. 流量获取　　　　　　　　　　B. 付费流量

   C. 运营复盘　　　　　　　　　　D. 运营目标确定

4. 尾数定价法是指采用零头结尾的方式来对产品进行定价,常以（　　）等数字作为尾数,给消费者一种价格便宜的感觉。

A. 0   B. 1

C. 8   D. 9

5. 网店流量常用的统计指标主要包括（　　　）以及用户地区分析、浏览路径分析、着陆页分析、不同时段流量统计。

A. UV 统计   B. PV 统计

C. 用户来源分析   D. 关键词分析

三、简答题

1. 网店选品方式有哪些？

2. 电商运营数据分析可以从哪些方面进行？

四、技能训练题

1. 利用飞瓜数据等第三方平台工具，分析抖音平台上的竞品情况。

2. 利用第三方平台工具，分析某一网店近 1 个月的运营状况。

五、综合案例分析题

东方甄选的选品逻辑

2022 年 12 月 28 日，农产品直播电商平台东方甄选发布视频披露，从 2021 年 12 月 28 日首播至今，东方甄选直播账号从 1 个增加到 6 个，粉丝总量突破 3 600 万人，已推出 52 款自营产品，总销量达 1 825 万单。

在直播方面，东方甄选已开设 6 个直播账号，形成直播矩阵。销售产品覆盖农产品、食品、图书、生活用品。其中，东方甄选粉丝接近 2 900 万人，东方甄选图书、东方甄选美丽生活、东方甄选自营产品 3 个账号粉丝量均超过 100 万人。

据第三方平台数据显示，东方甄选已经连续多月位列抖音带货榜冠军位置。2022 年 12 月 27 日，东方甄选新账号"看世界"开播销售海南旅游产品，单日销售额突破 2 000 万元。

在自营产品方面，东方甄选最早于 2022 年 1 月探索自营产品业务，并开始组建相关产品团队，4 月 30 日推出首款自营产品金枕榴梿，此后陆续推出了五常稻香米、蓝莓原浆等多款自营品。目前在售自营产品总数达 52 款，主要以农产品、食品为主。

关于东方甄选自营产品的选品逻辑，东方甄选坚持以下原则：健康、美味（保证有复购的可能）和高性价比（保证能被大多数人复购）。烤肠、五常大米、野生蓝莓原浆、鲜虾和牛排是平台爆品。新抖数据显示,截至 2022 年 12 月,东方甄选自营产品烤肠销售额累计高达 2 357 万元。

东方甄选还在积极拓展更具附加值的商品,包括如高 DHA 鲜鸡蛋、黄山太平猴魁、黑松露芝麻饼等产品,这些产品相较于初级农产品而言利润率相对更高,有望进一步提升产品盈利水平。

东方甄选直播间粉丝黏性强,很多消费者已经形成购物习惯,进入东方甄选直播间就直接购买,不用主播多做讲解,其自营产品已经走向了高复购模式。

根据上述材料,回答以下问题:

1. 东方甄选的选品逻辑是什么?
2. 东方甄选的选品创新点在哪里?

[1] 陈德人,方美玉,白东蕊.电子商务案例分析 [M].2 版.北京:人民邮电出版社,2022.

[2] 白东蕊,岳云康.电子商务概论 [M].4 版.北京:人民邮电出版社,2019.

[3] 周小勇,马建森.电子商务理论与实务 [M].2 版.北京:清华大学出版社,2021.

[4] 邵兵家.电子商务概论 [M].4 版.北京:高等教育出版社,2019.

[5] 杨立钒,杨坚争.电子商务基础与应用 [M].11 版.西安:西安电子科技大学出版社,2019.

[6] 叶秀敏.中国电子商务发展史 [M].太原:山西经济出版社,2016.

[7] 劳东,电子商务:商务、技术、社会 [M].劳帼龄,译.13 版.北京:中国人民大学出版社,2020.

[8] 施奈德,电子商务 [M].12 版.北京:机械工业出版社,2019.

[9] 张荣刚,方丽娟.电子商务安全管理 [M].北京:高等教育出版社,2022.

[10] 潘定,电子商务运营管理——策略、方法与管理 [M].北京:人民邮电出版社,2020.

[11] 阎志.B2B 4.0:新技术应用引爆产业互联网 [M].杭州:浙江大学出版社,2019.

桂海进,教授,无锡商业职业技术学院党委副书记,江苏省高等学校教学名师,首批国家级职业教育教师教学创新团队负责人、教育部全国普通高校毕业生就业创业指导委员会委员。主持建设电子商务专业入选国家级骨干专业、"双高计划"专业群骨干专业和江苏省高水平骨干专业、"十二五"重点建设专业、品牌专业、特色专业,主持国家精品在线开放课程、国家级精品资源共享课、国家精品课程各 1 门,主编国家级职业教育规划教材 4 部、国家精品教材 1 部。承担国家职业教育专业教学资源库、教育部商业智能应用协同创新中心、江苏省商业智能应用工程技术开发中心等项目 10 余项。

章萍,副教授,国家级职业教育教师教学创新团队成员,加拿大里贾纳大学访问学者,央视频融媒体公益助农团讲师,无锡市创业导师。主讲"电子商务基础与应用""直播电商"等课程。指导学生参加江苏省高等职业院校技能大赛电子商务技能项目获一等奖 3 项;指导学生参加大学生电子商务"创新、创意及创业"挑战赛获江苏省特等奖 1 项,最佳创意奖 1 项。参与省级以上教科研课题 8 项,主持横向课题 6 项。

郑重声明

高等教育出版社依法对本书享有专有出版权。任何未经许可的复制、销售行为均违反《中华人民共和国著作权法》，其行为人将承担相应的民事责任和行政责任；构成犯罪的，将被依法追究刑事责任。为了维护市场秩序，保护读者的合法权益，避免读者误用盗版书造成不良后果，我社将配合行政执法部门和司法机关对违法犯罪的单位和个人进行严厉打击。社会各界人士如发现上述侵权行为，希望及时举报，我社将奖励举报有功人员。

反盗版举报电话　(010) 58581999　58582371

反盗版举报邮箱　dd@hep.com.cn

通信地址　北京市西城区德外大街 4 号　高等教育出版社法律事务部

邮政编码　100120

读者意见反馈

为收集对教材的意见建议，进一步完善教材编写并做好服务工作，读者可将对本教材的意见建议通过如下渠道反馈至我社。

咨询电话　400-810-0598

反馈邮箱　gjdzfwb@pub.hep.cn

通信地址　北京市朝阳区惠新东街 4 号富盛大厦 1 座

　　　　　高等教育出版社总编辑办公室

邮政编码　100029

防伪查询说明

用户购书后刮开封底防伪涂层，使用手机微信等软件扫描二维码，会跳转至防伪查询网页，获得所购图书详细信息。

防伪客服电话　(010) 58582300

网络增值服务使用说明

授课教师如需获取本书配套教辅资源，请登录"高等教育出版社产品信息检索系统"(http://xuanshu.hep.com.cn/)，搜索本书并下载资源。首次使用本系统的用户，请先注册并进行教师资格认证。

高教社高职电子商务专业教师交流及资源服务 QQ 群:218668588